일어나서 잘 때까지

생활 속의
일본어 단어

일어나서 잘 때까지

생활 속의 일본어단어

초판 1쇄 펴낸날 2024년 1월 5일
지은이 김동호
교정　송효은
펴낸이 배태수 ＿펴낸곳 신라출판사
등록 1975년 5월 23일
전화 032)341-1289 ＿팩스 02)6935-1285
주소 경기도 부천시 소사구 범안로 95번길 32
북디자인 DesignDidot 디자인디도
표지&그림 이일선

ISBN　978-89-7244-159-5　13730
*잘못된 책은 구입한 곳에서 바꾸어 드립니다.

일어나서 잘 때까지

생활 속의
일본어 단어

김동호 엮음

신라출판사

머리말

이 책은 하루 일과 속에서 우리가 꼭 필요한 일단어를 자연스럽게 말할 수 있도록, 아침부터 밤까지 하루 동안에 이루어지는 일상생활에 필요한 단어를 찾아볼 수 있도록 엮은 교재다. 삽화를 중심으로 상황을 연상하기 쉽게 정리되어 있으므로 자신의 주변에 있는 것이나 재미있다고 생각나는 것부터 익히면 된다.

Part 1 아침편에서는 하루를 시작하며 준비하는 언어들, Part 2 업무편에서는 교통수단 및 직장에서 사용하는 언어들, Part 3 일상생활편에서는 여행, 스포츠, 민원업무 등에 관한 언어들, Part 4 밤편에서는 하루를 정리하는 말들, 약속 모임이 있는 음식점, 호텔에서 사용하는 언어들로 구성하여 그 속에서 일어나는 일과 연결된 일단어들을 즉석에서 표현할 수 있도록 하였다. 또한 그림으로 표현한 후, 일본어와 한글로 발음을 함께 표기해

놓았기 때문에 원하는 내용을 누구나 쉽게 찾아볼 수 있도록 하였다.

단어만 알고 있다고 어떤 것이나 의미가 통한다는 뜻은 아니지만 회화는 단어와 단어의 연결이므로 필요한 단어를 모르면 어찌할 도리가 없다. 지금 여러분 주위에 있는 일상 생활용품 등을 일본어로 말할 수 있는시 확인해 보기 바란다. 일상적인 단어는 당연히 기본적인 것이기에 취급되지 않았거나 취급되었다 해도 막상 잊어버리기 쉽다.

아무쪼록 이 책을 통해서 일본인과의 일상대화에 조금이나마 보탬이 되기를 바란다.

엮은이

목 차

PART 1.

아침 (朝)

chapter 1 가정(家庭)

❶ 침실(寝室)

□ 照明灯 (しょうめいとう)
쇼-메-토- 조명등

□ 電気スタンド (でんきすたんど)
뎅키스탄도 전기스탠드

□ 電灯の傘 (でんとうのかさ)
덴토-노카사 전등갓

□ 目覚まし時計
(めざましとけい)
메자마시토케- 알람시계

□ ベッド (べっど) 벧도 침대

□ シングルベッド (しんぐるべっど)
싱구루벧도 1인용 침대

□ ダブルベッド (だぶるべっど)
다부루벧도 2인용 침대

□ 二段ベッド (にだんべっど)
니단벧도 2층 침대

□ サイドテーブル
(さいどてーぶる)
사이도테-부루
침대 옆 탁자

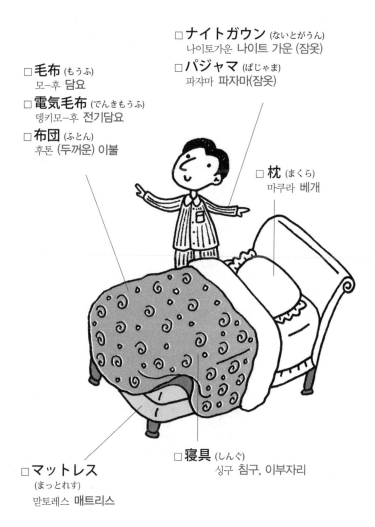

□ **ナイトガウン** (ないとがうん)
나이토가운 **나이트 가운 (잠옷)**

□ **毛布** (もうふ)
모–후 담요

□ **パジャマ** (ぱじゃま)
파쟈마 **파자마(잠옷)**

□ **電気毛布** (でんきもうふ)
뎅키모–후 전기담요

□ **布団** (ふとん)
후톤 (두꺼운) 이불

□ **枕** (まくら)
마쿠라 베개

□ **マットレス**
(まっとれす)
맏토레스 매트리스

□ **寝具** (しんぐ)
싱구 침구, 이부자리

11

〈관련어〉

□ **夜明け** (よあけ) 요아케 새벽

□ **朝, 午前** (あさ, ごぜん) 아사, 고젱 아침, 오전

□ **午後** (ごご) 고고 오후

□ **夕方** (ゆうがた) 유−가타 저녁

□ **夜** (よる) 요루 밤

□ **真夜中** (まよなか) 마요나카 한밤중

□ **昨夜** (さくや) 사쿠야 엊저녁, 지난밤

□ **今日** (きょう) 쿄− 오늘

□ **今夜** (こんや) 콩야 오늘밤

□ **昨日** (きのう) 키노- 어제

□ **一昨日** (おととい) 오토토이 그저께

□ **明日** (あした) 아시타 내일

□ **明後日** (あさって) 아삳테 모레

□ **昼, 一日** (ひる,いちにち) 히루, 이치니치 낮, 하루

□ **日常生活** (にちじょうせいかつ)
　　니치죠-세-카츠 일상생활

□ **日付** (ひづけ) 히즈케 날짜

□ **日の出** (ひので) 히노데 해돋이, 일출

□ **日暮れ** (ひぐれ) 히구레 해넘이, 일몰

② 거실 및 집안 가구(居室及び家具)

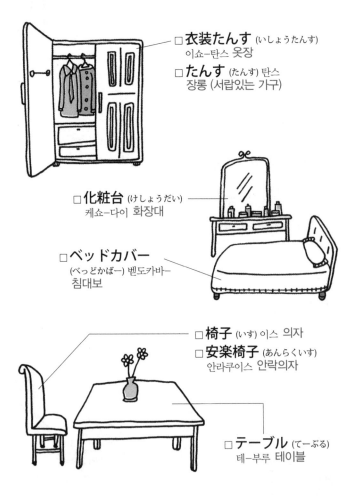

□ **衣装たんす** (いしょうたんす)
이쇼–탄스 옷장

□ **たんす** (たんす) 탄스
장롱 (서랍있는 가구)

□ **化粧台** (けしょうだい)
케쇼–다이 화장대

□ **ベッドカバー**
(べっどかばー) 벧도카바–
침대보

□ **椅子** (いす) 이스 의자

□ **安楽椅子** (あんらくいす)
안라쿠이스 안락의자

□ **テーブル** (てーぶる)
테–부루 테이블

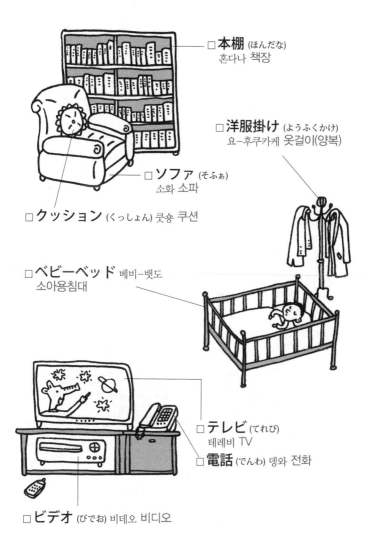

□ **本棚** (ほんだな)
혼다나 책장

□ **洋服掛け** (ようふくかけ)
요-후쿠카케 옷걸이(양복)

□ **ソファ** (そふぁ)
소화 소파

□ **クッション** (くっしょん) 쿳숑 쿠션

□ **ベビーベッド** 베비-벳도
소아용침대

□ **テレビ** (てれび)
테레비 TV

□ **電話** (でんわ) 뎅와 전화

□ **ビデオ** (びでお) 비데오 비디오

□ **天井** (てんじょう) 텐죠– 천장

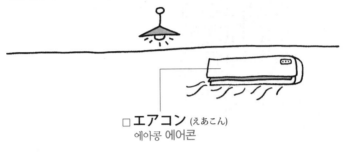

□ **エアコン** (えあこん)
에아콩 에어콘

□ **真空掃除機**
(しんくうそうじき)
싱쿠–소–지키 진공청소기

□ **加湿器** (かしつき)
카시츠키 가습기

□ **(電気)コンセント**
((でんき)こんせんと) (뎅키)콘센토
(전기)콘센트

□ **ラジオ** (らじお)
라지오 라디오

□ **床** (ゆか) 유카
거실마루

□ **リモコン** (りもこん)
리모콩 리모콘

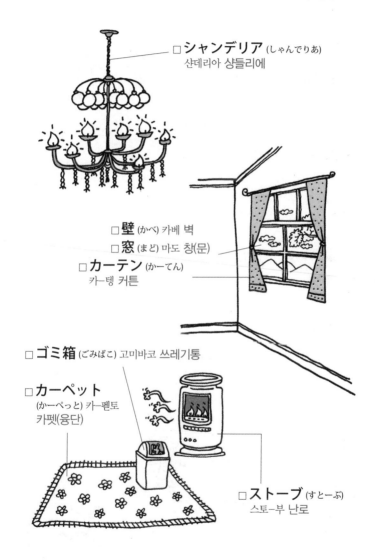

□シャンデリア (しゃんでりあ)
샨데리아 샹들리에
□壁 (かべ) 카베 벽
□窓 (まど) 마도 창(문)
□カーテン (かーてん)
카–텡 커튼
□ゴミ箱 (ごみばこ) 고미바코 쓰레기통
□カーペット
(かーぺっと) 카–펫토
카펫(융단)
□ストーブ (すとーぶ)
스토–부 난로

〈관련어〉

□ **引き出し** (ひきだし) 히키다시 서랍

□ **箪笥** (たんす) 탄스 장롱

□ **ゴミ取り** (ごみとり) 고미토리 쓰레받기

□ **大掃除** (おおそうじ) 오-소-지 대청소

□ **家事** (かじ) 카지 (일상의, 가정의)집안일, 가사

□ **飾り** (かざり) 카자리 꾸밈, 장식

□ **居所** (いどころ) 이도코로 거주, 거처

□ **居室, 居間** (きょしつ, いま) 쿄시츠, 이마 거실

□ **呼び鈴** (よびりん) 요비링 현관의 벨

□ **廊下** (ろうか) 로—카 복도

□ **階段** (かいだん) 카이당 계단

□ **屋根裏** (やねうら) 야네우라 고미다락(방)

□ **ストーブ** (すとーぶ) 스토—부 난로, 벽로

□ **書斎** (しょさい) 쇼사이 서재

□ **壁紙** (かべがみ) 카베가미 벽지

□ **ガラス戸** (がらすど) 가라스도 유리문

□ **額縁** (がくぶち) 가구부치 액자

□ **作り付けの箪笥** (つくりつけのたんす)
  츠쿠리츠케노 탄스 붙박이장

❸ 욕실(バスルーム)

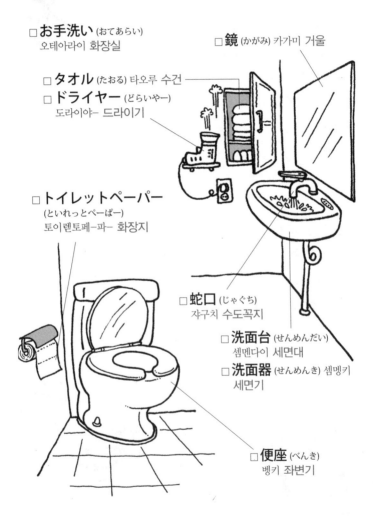

□ **お手洗い** (おてあらい)
오테아라이 화장실

□ **鏡** (かがみ) 카가미 거울

□ **タオル** (たおる) 타오루 수건

□ **ドライヤー** (どらいやー)
도라이야ー 드라이기

□ **トイレットペーパー**
(といれっとぺーぱー)
토이렏토페ー파ー 화장지

□ **蛇口** (じゃぐち)
쟈구치 수도꼭지

□ **洗面台** (せんめんだい)
셈멘다이 세면대

□ **洗面器** (せんめんき) 셈멩키
세면기

□ **便座** (べんき)
벵키 좌변기

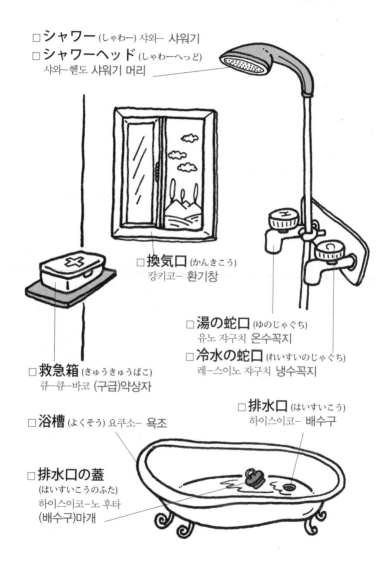

□ **シャワー** (しゃわー) 샤와ー 샤워기
□ **シャワーヘッド** (しゃわーへっど)
샤와ー헫도 샤워기 머리

□ **換気口** (かんきこう)
캉키코ー 환기창

□ **湯の蛇口** (ゆのじゃぐち)
유노 쟈구치 온수꼭지
□ **冷水の蛇口** (れいすいのじゃぐち)
레ー스이노 쟈구치 냉수꼭지

□ **救急箱** (きゅうきゅうばこ)
큐ー큐ー바코 (구급)약상자

□ **排水口** (はいすいこう)
하이스이코ー 배수구

□ **浴槽** (よくそう) 요쿠소ー 욕조

□ **排水口の蓋**
(はいすいこうのふた)
하이스이코ー노 후타
(배수구)마개

□ **シャンプー** (しゃんぷー) 샴푸− **샴푸**

□ **石鹸** (せっけん) 섹켕 **비누**

□ **タオルホルダー** (たおるほるだー)
타오루호루다− **수건걸이**

□ **石鹸ホルダー**
(せっけんほるだー)
섹켕호루다− **비누곽**

□ **歯ブラシ** (はぶらし) 하부라시 칫솔
□ **歯磨き粉** (はみがきこ) 하미가키코 치약
□ **歯ブラシホルダー** (はぶらしほるだー)
하부라시호루다ー 칫솔통

〈관련어〉

□ **バブルバス** (ばぶるばす) 바부루바스
　향료를 넣은 목욕용 발포제(를 넣은 목욕탕)

□ **冷水浴** (れいすいよく) 레–스이요쿠 냉수욕

□ **熱いお風呂** (あついおふろ) 아츠이오후로 온수욕

□ **バスルーム付きの部屋** (ばするーむつきのへや)
　바스루–무 츠키노 헤야 욕실딸린 방

□ **専用バスルーム** (せんようばするーむ)
　셍요–바스루–무 전용 욕실

□ **公衆浴場** (こうしゅうよくそう) 코–슈–요쿠소– 공중 목욕탕

□ **洗面用品** (せんめんようひん)
　셈멩요–힝 세면화장품류(목욕용품)

□ **洗濯物** (せんたくもの) 센타쿠모노 세탁물

□ **(合成)洗剤** ((ごうせい)せんざい) (고-세-)센자이 (합성)세제

□ **ヘアコンディショナー** (へあこんでぃしょなー)
　헤아콘디쇼나– 헤어컨디셔너

□ **ヘアケア** (へあけあ) 헤아케아 헤어트리트먼트

□ **ボディシャンプー** (ぼでぃしゃんぷー) 보디샴푸– 바디샴푸

□ **ドライシャンプー** (どらいしゃんぷー)
　도라이샴푸– 알코올성 세발액

□ **洗顔クリーム** (せんがんくりーむ) 셍강쿠리–무 세안크림

□ **洗顔化粧水** (せんがんけしょうすい)
　셍강케쇼–스이 세안 화장수

□ **洗顔オイル** (せんがんおいる) 셍강오이루 세안유

□ **トイレットペーパー** (といれっとぺーぱー)
　토이렛토페–파– 화장지

④ 생활 필수품(生活必需品)

□ **キーホルダー** (きーほるだー)
키-호루다- 열쇠고리
□ **鍵** (かぎ) 카기 열쇠

□ **電気かみそり**
(でんきかみそり)
뎅키카미소리
전기면도기
□ **はさみ** (はさみ)
하사미 가위

□ **針** (はり) 하리 바늘
□ **糸** (いと) 이토 실

□ **カメラ** (かめら) 카메라 카메라

□ **バケツ** (ばけつ)
바케츠 양동이
□ **モップ** (もっぷ) 몹푸 걸레

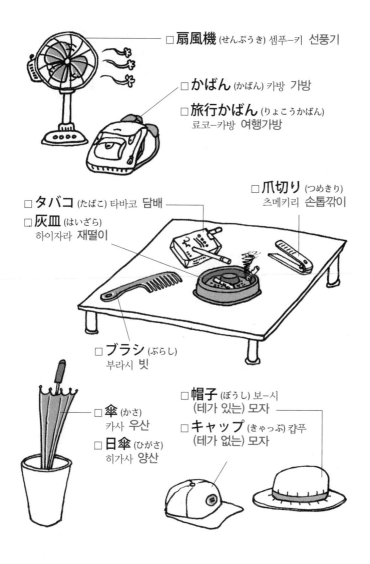

□ **扇風機** (せんぷうき) 셈푸-키 선풍기

□ **かばん** (かばん) 카방 가방

□ **旅行かばん** (りょこうかばん)
료코-카방 여행가방

□ **爪切り** (つめきり)
츠메키리 손톱깎이

□ **タバコ** (たばこ) 타바코 담배
□ **灰皿** (はいざら)
하이자라 재떨이

□ **ブラシ** (ぶらし)
부라시 빗

□ **帽子** (ぼうし) 보-시
(테가 있는) 모자

□ **キャップ** (きゃっぷ) 캽푸
(테가 없는) 모자

□ **傘** (かさ)
카사 우산

□ **日傘** (ひがさ)
히가사 양산

27

〈관련어〉

□ **はしご** (はしご) 하시고 **사다리**

□ **荒物** (あらもの) 아라모노 **부엌세간**

□ **押入れ** (おしいれ) 오시이레 **벽장**

□ **箒** (ぼうき) 호ー키 **비(빗자루)**

□ **マッチ** (まっち) 맏치 **성냥**

□ **ライター** (らいたー) 라이타ー **라이터**

□ **ハンマー** (はんまー) 함마ー **해머, (쇠)망치**

□ **ねじ** (ねじ) 네지 **나사, 나사못**

□ **木ネジ** (もくねじ) 모쿠네지 **나무나사**

□ **蝋燭** (ろうそく) 로ー소쿠 **양초**

□ **懐中電灯** (かいちゅうでんとう) 카이츄-덴토- 손전등

□ **電池** (でんち) 덴치 건전지

□ **リサイクル** (りさいくる) 리사이쿠루 재활용

□ **縫い糸** (ぬいいと) 누이-토 바느질실

□ **ミシン** (みしん) 미싱 재봉틀

□ **アイロン** (あいろん) 아이롱 다리미

□ **乾燥機** (かんそうき) 칸소-키 건조기

□ **エアクリーナー** (えあくりーなー) 에아쿠리-나- 공기 정화기

□ **暖房装置** (だんぼうそうち)
담보-소-치 난방장치

□ **電気器具** (でんききぐ) 뎅키키구 전기기구

⑤ 화장품(化粧品)

□ **パウダー** (ぱうだー)
파우다ー 가루분

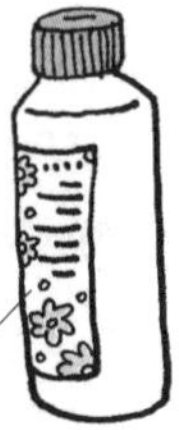

□ **ムース(クリーム)**
(むーす(くりーむ))
무ー스(쿠리ー무) 무스(크림)

□ **スキンローション**
(すきんろーしょん) 스킨로ー숑 스킨로션

□ **ローション** (ろーしょん) 로ー숑 로션

□ **ファンデーション**
(ふぁんでーしょん)
환데ー숑 파운데이션

□ **栄養クリーム** (えいようくりーむ)
에ー요ー쿠리ー무 영양크림

□ **マニキュア** (まにきゅあ)
마니큐아 매니큐어

□ **香水** (こうすい)
코ー스이 향수

□ **マスカラ** (ますから)
마스카라 마스카라

□ **付け睫毛** (つけまつげ)
츠케마츠게 인조속눈썹

□ **ヘアスプレー** (へあすぷれー)
헤아스푸레- 헤어스프레이

□ **頬紅** (ほおべに)
호-베니 볼연지

□ **化粧, 化粧品**
(けしょう, けしょうひん)
케쇼-, 케쇼-힝
화장, 화장품

□ **リップスティック**
(りっぷすてぃっく)
립푸스틱쿠 립스틱

〈관련어〉

□香り (かおり) 카오리 향기

□アイシャドウ (あいしゃどう) 아이샤도− 아이섀도우

□マッサージ (まっさーじ) 맛사−지 안마

□マッサージクリーム (まっさーじくりーむ) 맛사−지쿠리−무 마사지크림

□リップクリーム (りっぷくりーむ) 립푸쿠리−무 입술크림

□スキンケア (すきんけあ) 스킹케아 피부관리

□ペディキュア (ぺでぃきゅあ) 페디큐아 발톱가꾸기

□マニキュア (まにきゅあ) 마니큐아 미조술, 매니큐어

□美容師 (びようし) 비요−시 미용사

□ **パック** (ぱっく) 파쿠 **팩용 화장품**

□ **コールドパック** (こーるどぱっく) 코ー루도파쿠 **냉습포**

□ **ホットパック** (ほっとぱっく) 혼토파쿠 **온습포**

□ **包装用品** (ほうそうようひん) 호ー소ー요ー힝 **포장용구**

□ **パーマ** (ぱーま) 파ー마 **파마**

□ **美容院** (びよういん) 비요ー잉 **미장원**

□ **美容室** (びようしつ) 비요ー시츠 **미용실**

□ **床屋** (とこや) 토코야 **이발소**

□ **ネイルサロン** (ねいるさろん) 네이루사롱 **손톱 손질하는 곳**

⑥ 부엌(台所)

□ **レストラン** (れすとらん) 레스토랑 식당

□ **トレイ** (とれい) 토레- 쟁반
□ **エプロン** (えぷろん) 에푸롱 앞치마
□ **フォーク** (ふぉーく) 훠-쿠 포크
□ **スプーン** (すぷーん)
　스푸-운 숟가락

□ **テーブルクロス** (てーぶるくろす)
　테-부루쿠로스 식탁보

□ **冷蔵庫** (れいぞうこ)
레-조-코 냉장고

□ **冷凍庫** (れいとうこ)
레-토-코 냉동고

□ **まな板** (まないた) 마나이타 도마

□ **電子レンジ** (でんしれんじ)
덴시렌지 전자레인지

□ **料理用レンジ**
(りょうりようれんじ)
료-리요-렌지 요리용 레인지

□ **オーブン** (おーぶん) 오-붕
오븐

□ **ごみ** (ごみ) 고미 쓰레기

□ **ゴミ箱** (ごみばこ)
고미바코 쓰레기통

□ **弁当箱** (べんとうばこ)
벤토-바코 도시락통

□ **鍋** (なべ) 나베 냄비

□ **コーヒーメーカー**
(こーひーめーかー)
코-히-메-카- 커피끓이는 기구

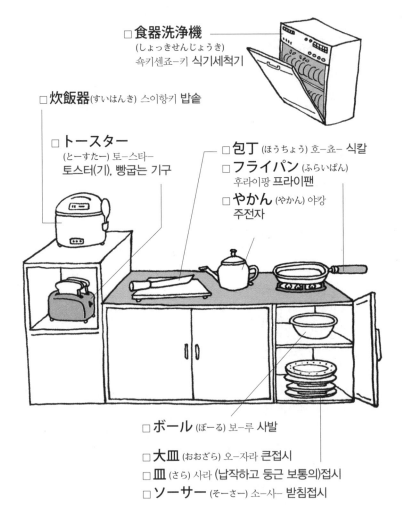

□ **食器洗浄機**
(しょっきせんじょうき)
숏키센죠-키 식기세척기

□ **炊飯器**(すいはんき) 스이항키 밥솥

□ **トースター**
(とーすたー) 토-스타-
토스터(기), 빵굽는 기구

□ **包丁** (ほうちょう) 호-쵸- 식칼

□ **フライパン** (ふらいぱん)
후라이팡 프라이팬

□ **やかん** (やかん) 야캉
주전자

□ **ボール** (ぼーる) 보-루 사발

□ **大皿** (おおざら) 오-자라 큰접시
□ **皿** (さら) 사라 (납작하고 둥근 보통의)접시
□ **ソーサー** (そーさー) 소-사- 받침접시

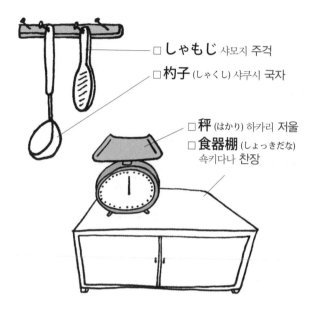

□ **しゃもじ** 샤모지 주걱

□ **杓子** (しゃくし) 샤쿠시 국자

□ **秤** (はかり) 하카리 저울

□ **食器棚** (しょっきだな)
속키다나 찬장

□ **ミキサー**
(みきさー) 미키사ー
믹서(기)

□ **箸** (はし) 하시
젓가락

□ **ふた** (ふた) 후타 뚜껑

□ **甕, 壷, 瓶** (かめ, つぼ, びん)
카메, 츠보, 빙 항아리, 단지, 병

□ **布巾** (ふきん) 후킹 행주

〈관련어〉

□ **荒物** (あらもの) 아라모노 부엌세간

□ **配水管** (はいすいかん) 하이스이캉 배수관

□ **溝** (どぶ) 도부 하수구

□ **台所洗剤** (だいどころせんざい) 다이도코로 센자이 설거지용 세제

□ **洗顔石鹸** (せんがんせっけん) 생간섹켕 세수비누

□ **洗濯洗剤** (せんたくせんざい) 센타쿠센자이 세탁세제

□ **硬水** (こうすい) 코–스이 경수(센물)

□ **軟水** (なんすい) 난스이 연수(단물)

□ **冷水** (れいすい) 레–스이 냉수

□ **湯** (ゆ) 유 끓는 물

□ **ソーダ水** (そーだすい) 소–다스이 소다수

□ **キャビネット** (きゃびねっと) 캬비넫토 진열용 선반

□ **土器, 陶器** (どき, とうき) 도키, 토–키 토기, 질그릇

□ **テーブルウェア** (てーぶるうぇあ) 테−부루웨아 식탁용식기류

□ **銀食器** (ぎんしょっき) 긴쇽키 은그릇

□ **排気装置** (はいきそうち) 하이키소−치 배기장치

□ **換気扇** (かんきせん) 캉키셍 환기팬

□ **排気ガス** (はいきがす) 하이키가스 배기가스

□ **たわし** (たわし) 타와시 수세미

□ **泡立て器** (あわだてき) 아와다테키 달걀거품기

□ **栓抜き** (せんぬき) 센누키 병따개

□ **煙探知機** (けむりたんちき) 케무리탄치키 연기탐지기

□ **火災報知機** (かさいほうちき) 카사이호−치키 화재경보기

□ **ガラス瓶** (がらすびん) 가라스빙 유리병

□ **ごみの山** (ごみのやま) 고미노야마 쓰레기더미

chapter 2 식료품(食料品)

❶ 식료품(食料品)

□ 食料品 (しょくりょうひん) 쇼쿠료–힝 식료품

□ マヨネーズ (まよねーず) 마요네–즈 마요네즈

□ ドレッシング (どれっしんぐ) 도렛싱구 드레싱

□ マーガリン (まーがりん) 마–가링 마가린

□ 牛乳 (ぎゅうにゅう) 규–뉴– 우유

□ クリーム (くりーむ) 쿠리–무 크림

□ チーズ (ちーず) 치–즈 치즈

□ バター (ばたー) 바타– 버터

□ **砂糖** (さとう) 사토– 설탕
□ **角砂糖** (かくさとう)
　카쿠사토– 각설탕

□ **材料** (ざいりょう)
　자이료– 재료, 성분

□ **塩** (しお) 시오
　소금

□ **赤唐辛子** (あかとうがらし)
　아카토–가라시 빨간 고추

□ **千切りの唐辛子**
　(せんぎりのとうがらし)
　셍기리노토–가라시 실고추

□ **コショウ** (こしょう)
　코쇼– 후추

□ **ケチャップ** (けちゃっぷ)
　케챱푸 케첩
□ **調味料** (ちょうみりょう)
　쵸–미료– 조미료

41

□ **薬味** (やくみ) 야쿠미 양념

□ **唐辛子の粉** (とうがらしのこな)
토-가라시노코나 **고추가루**

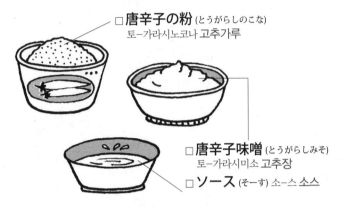

□ **唐辛子味噌** (とうがらしみそ) 토-가라시미소 **고추장**

□ **ソース** (そーす) 소-스 <u>소스</u>

□ **ゴマ** (ごま)
고마 **참깨**

□ **醤油** (しょうゆ)
쇼-유 **간장**

□ **豆油** (まめあぶら)
마메아부라 **콩기름**

□ **酢** (す) 스 **식초**

42

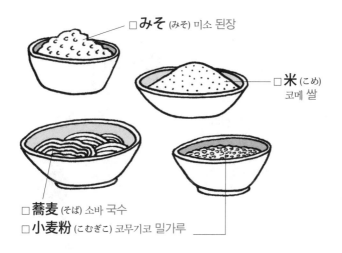

□ みそ (みそ) 미소 된장

□ 米 (こめ) 코메 쌀

□ 蕎麦 (そば) 소바 국수

□ 小麦粉 (こむぎこ) 코무기코 밀가루

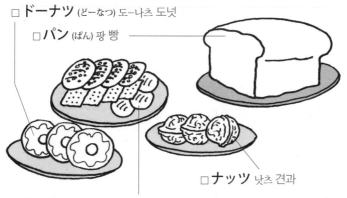

□ ドーナツ (どーなつ) 도-나츠 도넛

□ パン (ぱん) 팡 빵

□ ナッツ 낫츠 견과

□ クッキー (くっきー) 쿡키- 쿠키

□ ビスケット (びすけっと) 비스켇토 비스킷(영국)

□ クラッカー (くらっかー) 쿠락카- 얇고 바삭한 비스킷(미국)

〈관련어〉

□ **稲** (いね) 이네 벼

□ **水田** (すいでん) 스이뎅 논

□ **玄米** (げんまい) 겜마이 현미

□ **麦** (むぎ) 무기 보리

□ **小麦** (こむぎ) 코무기 밀

□ **燕麦, オート麦** (えんばく, おーとむぎ) 엠바쿠, 오−토무기 **귀리**

□ **ライ麦** (らいむぎ) 라이무기 호밀

□ **玉蜀黍** (とうもろこし) 토−모로코시 **옥수수**

□ **アーモンド** (あーもんど) 아−몬도 **아몬드**

□ **栗** (くり) 쿠리 밤

□ **胡桃** (くるみ) 쿠루미 호두

□ **ピーナッツ** (ぴーなっつ) 피-낟츠 땅콩

□ **大豆** (だいず) 다이즈 대두, 메주콩

□ **小豆** (あずき) 아즈키 팥

□ **鉈豆** (なたまめ) 나타마메 작두콩

□ **緑豆** (りょくとう) 료쿠토- 녹두

□ **インゲン豆** (いんげんまめ) 잉겐마메 강낭콩

□ **エンドウ豆** (えんどうまめ) 엔도-마메 완두콩

□ **アワ** (あふ) 아와 조

□ **モロコシ** (もろこし) 모로코시 수수

□ **乳製品** (にゅうせいひん) 뉴-세-힝 유제품

② 고기(肉)

□ **牛肉** (ぎゅうにく) 규ー니쿠 쇠고기
□ **豚肉** (ぶたにく) 부타니쿠 돼지고기

□ **羊肉** (ひつじにく) 히츠지니쿠 양고기

□ **子羊肉** (こひつじにく)
코히츠지니쿠
새끼양고기

□ **馬肉** (ばにく) 바니쿠 말고기
□ **ハム** (はむ) 하무 햄

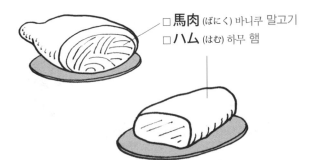

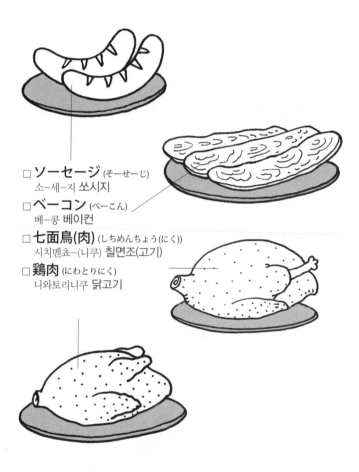

□ **ソーセージ** (そーせーじ)
소–세–지 **쏘시지**

□ **ベーコン** (べーこん)
베–콩 **베이컨**

□ **七面鳥(肉)** (しちめんちょう(にく))
시치멘쵸–(니쿠) **칠면조(고기)**

□ **鶏肉** (にわとりにく)
니와토리니쿠 **닭고기**

〈관련어〉

□ **肉** (にく) 니쿠 (식용 짐승의)고기

□ **肉屋** (にくや) 니쿠야 푸주한, 정육점주인

□ **食肉加工卸売業** (しょくにくかこうおろしうりぎょう)
쇼쿠니쿠카코- 오로시우리교- 식육가공도매업

□ **食肉加工卸売業者** (しょくにくかこうおろしうりぎょうしゃ)
쇼쿠니쿠카코- 오로시우리교-샤 식육가공도매업자

□ **食肉市場** (しょくにくしじょう) 쇼쿠니쿠시죠- 식육시장

□ **食(用)肉** (しょく(よう)にく) 쇼쿠(요-)니쿠 식용육

□ **出刃包丁** (でばぼうちょう) 데바보-쵸-
고기를 토막내는 큰 칼

□ **肉グラインダー** (にくぐらいんだー)
니쿠구라인다- 고기가는 기계

□ **肉切り機** (にくきりき) 니쿠키리키 고기저미는 기계

□ **ミートパイ** (みーとぱい) 미ー토파이 고기파이

□ **ミートボール** (みーとぼーる) 미ー토보ー루 고기완자

□ **冷蔵肉** (れいぞうにく) 레ー조ー니쿠 냉장육

□ **スライス肉** (すらいすにく) 스라이스니쿠 저민고기

□ **内臓肉** (ないぞうにく) 나이조ー니쿠 내장육

□ **アバラ(肉)** (あばら(にく)) 아바라(니쿠) 갈비(고기)

□ **焼肉** (やきにく) 야키니쿠 불고기

49

③ 야채(野菜)

□ **アスパラガス** (あすぱらがす)
아스파라가스 아스파러거스

□ **カボチャ** (かぼちゃ)
카보챠 호박

□ **ジャガイモ** (じゃがいも)
쟈가이모 감자

□ **セロリ** (せろり)
세로리 샐러리

□ **キノコ** (きのこ)
키노코 버섯

□ **ピーマン**
(ぴーまん) 피―망 피망

□ **トマト** (とまと)
토마토 토마토

□ **豆** (まめ) 마메 콩

□ **ブロッコリー** (ぶろっこりー)
부록코리― 브로컬리

□ **にんじん** (にんじん)
닌징 당근

□ **白菜** (はくさい) 하쿠사이
배추

□ **キャベツ** (きゃべつ)
캬베츠 양배추

□ **(小さい)ねぎ** ((ちいさい)ねぎ)
(치ー사이)네기 (골)파

□ **ナス** (なす) 나스 가지

□ **大根** (だいこん) 다이콩 무

□ **ニンニク** (にんにく)
닌니쿠 마늘

□ **ショウガ** (しょうが) 쇼ー가 생강

□ **サツマイモ** (さつまいも)
사츠마이모 고구마

□ **タマネギ** (たまねぎ)
타마네기 양파

□ **レタス** (れたす) 레타스 상추

□ **きゅうり** (きゅうり) 큐ー리 오이

〈관련어〉

- □ **レンコン** (れんこん) 렝콩 연근
- □ **ゴボウ** (ごぼう) 코보- 우엉
- □ **ニラ** (にら) 니라 부추
- □ **小さいねぎ** (ちいさいねぎ) 치-사이네기 골파
- □ **豆の茎** (まめのくき) 마메노쿠키 콩줄기, 콩대

- □ **もやし** (もやし) 모야시 콩나물
- □ **たけのこ** (たけのこ) 타케노코 죽순
- □ **高麗人参** (こうらいにんじん) 코-라이닌징 인삼
- □ **ヤマノイモ** (やまのいも) 야마노이모 마

□ **サトイモ** (さといも) 사토이모 **토란**

□ **カリフラワー** (カリフラワー)
　카리후라와− **콜리플라워, 꽃양배추**

□ **カブ** (かぶ) 카부 **순무**

□ **ヨモギ** (よもぎ) 요모기 **쑥**

□ **シュンギク** (しゅんぎく) 슝기쿠 **쑥갓**

□ **カラシナ** (からんな) 카라시나 **갓, 고추냉이**

□ **パセリ** (ぱせり) 파세리 **파슬리**

□ **ほうれん草** (ほうれんそう) 호−렌소− **시금치**

4 과일(フルーツ)

□ 梨 (なし)
나시 배

□ りんご (りんご)
링고 사과

□ 桃 (もも)
모모 복숭아

□ スモモ (すもも)
스모모 자두

□ バナナ (ばなな)
바나나 바나나

□ キウイ (きうい)
키우이 키위

□ スイカ
(すいか) 스이카 수박

□ マンゴー
(まんごー) 망고–
망고

□ パイナップル
(ぱいなっぷる)
파이납푸루 파인애플

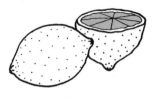

□ **レモン** (れもん)
레몽 레몬

□ **オレンジ** (おれんじ)
오렌지 오렌지

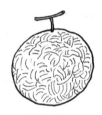

□ **マスクメロン**
(ますくめろん)
마스쿠메롱 머스크메론

□ **チェリー** (ちぇりー)
체리- 버찌, 체리

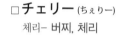

□ **柿** (かき)
카키 감(나무)

□ **ブドウ** (ぶどう)
부도- 포도

□ **みかん** (みかん)
미캉 귤

□ **いちご** (いちご)
이치고 딸기

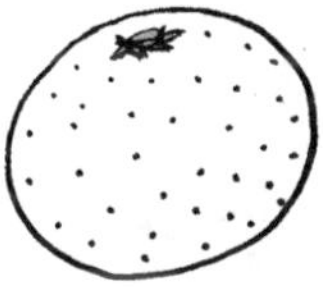

〈관련어〉

□ **桑の実** (くわのみ) 쿠와노미 오디

□ **ブルーベリー** (ブルーベリー) 부루–베리–
블루베리, 월귤나무(열매)

□ **ナツメ** (なつめ) 나츠메 대추

□ **グレープフルーツ** (ぐれーぷふるーつ)
구레–푸후르–츠 자몽

□ **ライム(科)** (らいむ(か)) 라이무(카) 라임(과)

□ **杏子** (あんず) 안즈 살구

□ **アボカド** (あぼかど) 아보카도 **아보카도**

□ **ココナッツ** (ここなっつ) 코코낟츠 **코코넛**

□ **イチジク** (いちじく) 이치지쿠 **무화과**

□ **パパヤ** (ぱぱや) 파파야 **파파야**

□ **ザクロ** (ざくろ) 자쿠로 **석류**

□ **ラズベリー** (らずべりー) 라즈베리– **산딸기**

⑤ 어패류(魚貝類)

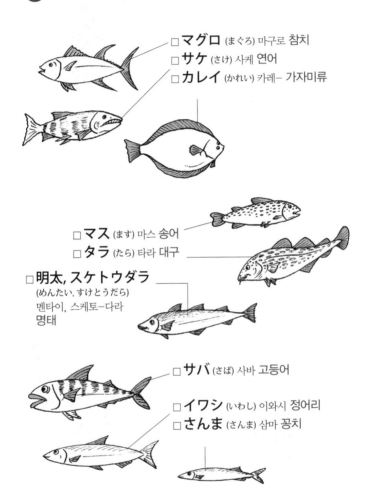

□ **マグロ** (まぐろ) 마구로 참치
□ **サケ** (さけ) 사케 연어
□ **カレイ** (かれい) 카레– 가자미류

□ **マス** (ます) 마스 송어
□ **タラ** (たら) 타라 대구

□ **明太, スケトウダラ**
(めんたい, すけとうだら)
멘타이, 스케토–다라
명태

□ **サバ** (さば) 사바 고등어

□ **イワシ** (いわし) 이와시 정어리
□ **さんま** (さんま) 삼마 꽁치

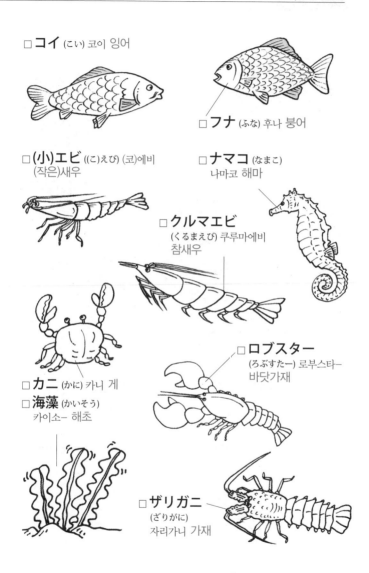

□ **コイ** (こい) 코이 잉어

□ **フナ** (ふな) 후나 붕어

□ **(小)エビ** ((こ)えび) (코)에비 (작은)새우

□ **ナマコ** (なまこ) 나마코 해마

□ **クルマエビ** (くるまえび) 쿠루마에비 참새우

□ **カニ** (かに) 카니 게

□ **海藻** (かいそう) 카이소- 해초

□ **ロブスター** (ろぶすたー) 로부스타- 바닷가재

□ **ザリガニ** (ざりがに) 자리가니 가재

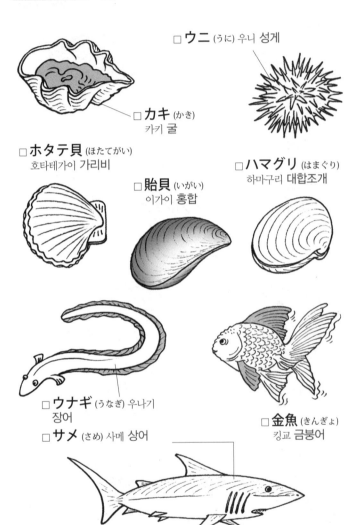

□ **ウニ** (うに) 우니 성게

□ **カキ** (かき) 카키 굴

□ **ホタテ貝** (ほたてがい) 호타테가이 가리비

□ **貽貝** (いがい) 이가이 홍합

□ **ハマグリ** (はまぐり) 하마구리 대합조개

□ **ウナギ** (うなぎ) 우나기 장어

□ **サメ** (さめ) 사메 상어

□ **金魚** (きんぎょ) 킹교 금붕어

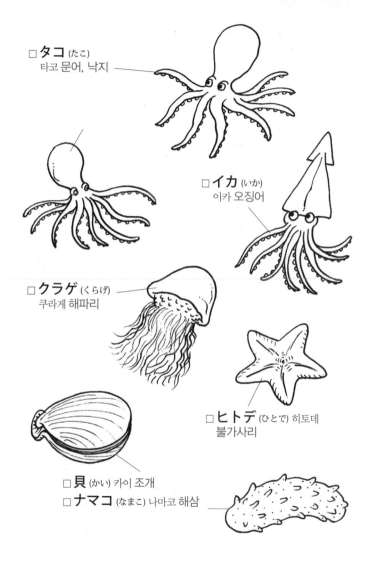

□ **タコ** (たこ)
타코 문어, 낙지

□ **イカ** (いか)
이카 오징어

□ **クラゲ** (くらげ)
쿠라게 해파리

□ **ヒトデ** (ひとで) 히토데
불가사리

□ **貝** (かい) 카이 조개
□ **ナマコ** (なまこ) 나마코 해삼

〈관련어〉

□ **わかめ** (わかめ) 와카메 미역
□ **コンブ** (こんぶ) 콤부 다시마
□ **ノリ** (のり) 노리 김

□ **アオサ** (あおさ) 아오사 파래
□ **アワビ** (あわび) 아와비 전복
□ **ヒラメ** (ひらめ) 히라메 넙치, 가자미류
□ **ふぐ** (ふぐ) 후구 복어

□ **タイ** (たい) 타이 도미

□ **ナマズ** (なまず) 나마즈 메기

□ **ボラ** (ぼら) 보라 숭어과의 어류

□ **鮎** (あゆ) 아유 은어

□ **カワニナ** (かわにな) 카와니나 다슬기

□ **食用カタツムリ** (しょくようかたつむり)
  쇼쿠요-카타츠무리 식용달팽이

□ **ウシガエル** (うしがえる) 우시가에루 식용개구리

chapter 3 의복(衣服)

1 의복(衣服)

□ワイシャツ
(わいしゃつ) 와이샤츠
와이셔츠

□スーツ (すーつ)
스-츠 정장

□ジャケット 쟈켓토
웃옷(양복저고리)

□ブラウス (ぶらうす)
브라우스 블라우스

□ズボン (ずぼん)
즈봉 바지

□ベスト (べすと)
베스토 조끼

□ポロシャツ
(ぽろシャツ) 포로샤츠
폴로셔츠(목티셔츠)

□ **ジャンパー** (じゃんぱー)
잠파– 잠바

□ **セーター** (せーたー)
세–타– 스웨터

□ **コート** (こーと) 코–토 코트

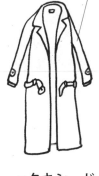

□ **ワンピース** (わんぴーす)
완피–스 원피스

□ **タキシード**
(たきしーど)
타키시–도 턱시도

□ **スカート** (すかーと)
스카–토 치마

□ **短パン** (たんぱん)
탐팡 짧은 바지

□ **レインコート**
(れいんこーと)
레인코-토 비옷

□ **制服** (せいふく)
세-후쿠 제복

□ **タートルネックセーター**
(たーとるねっくせーたー)
타-토루넥쿠세-타-
터틀넥의 스웨터

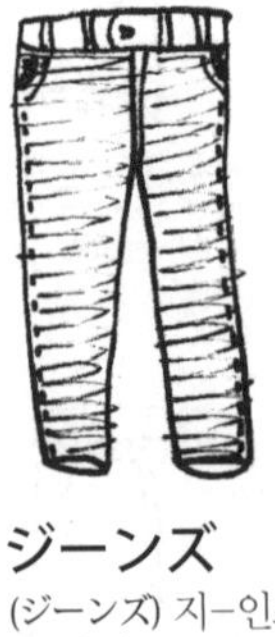

□ **ナイトドレス**
(ないとどれす)
나이토도레스 여성잠옷

□ **普段着** (ふだんぎ)
후당기 평상복

□ **ジーンズ**
(ジーンズ) 지-인즈
청바지

□ **ズボンつり** (ずぼんつり) 즈본츠리
멜빵바지

□ **カーディガン**
(かーでぃがん)
카ー디간 가디건

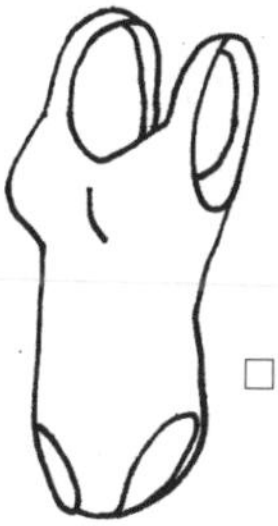

□ **水着** (みずぎ)
미즈기 수영복

□ **下着** (したぎ)
시타기 내의, 속옷

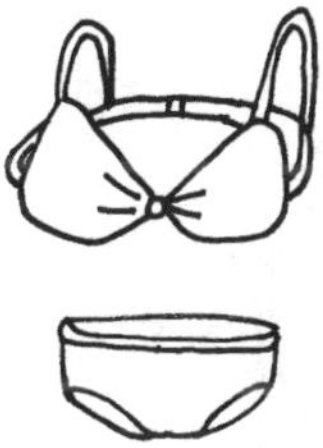

□ **スポーツウェア** (すぽーつうぇあ)
스포ー츠웨아 운동복
□ **ジョギングスーツ** (じょぎんぐすーつ)
죠깅구스ー츠 조깅복장

〈관련어〉

□ **Tシャツ** (てぃーしゃつ) 티샤―츠 티셔츠

□ **ミニスカート** (みにすかーと) 미니스카―토 미니스커트

□ **ロングスカート** (ろんぐすかーと) 롱구스카―토 긴치마

□ **着こなし** (きこなし) 키코나시 옷차림새, 복장, 의복

□ **衣類、衣装** (いるい, いしょう) 이루이, 이쇼― 의류, 의상

□ **服装** (ふくそう) 후쿠소― 복장

□ **ダウンジャケット** (だうんじゃけっと) 다운쟈켇토
다운재킷

□ **ブラジャー** (ぶらじゃー) 부라쟈― 브래지어

□ **ブレザー** (ブレザー) 부레자― 블레이저코트(화려한 스포츠용 상의)

□ **ズロース** (ずろーす) 즈로―스 여성용 반바지식 속옷

□ **ゴルフパンツ** (ごるふぱんつ) 고루후판츠 골프바지

□ **スリップ** (すりっぷ) 스립푸 슬립(여성용 속옷)

□ **部屋着** (へやぎ) 헤야기 실내복

□ **ガーター** (がーたー) 가―타― 양말대님

□ **裏地** (うらじ) 우라지 안감

□ **ボタン** (ぼたん) 보탕 단추

□ **ジッパー** (じっぱー) 집파― 지퍼

□ **カラー** (からー) 카라― 칼러, 깃

□ **ポケット** (ぽけっと) 포켓토 호주머니

□ **Vネック** (ぶいねっく) 부이넥쿠 v형 깃

□ **半袖** (はんそで) 한소데 반소매의

□ **タイト** (たいと) 타이토 몸에 꼭 맞는(끼는)

□ **だぶだぶだ** (だぶだぶだ) 다부다부다 (옷이)헐겁다

□ **端正だ** (たんせいだ) 탄세―다 단정하다

② 신발(シューズ)

□ サンダル (さんだる)
산다루 샌들

□ 上履き (うわばき) 우와바키 실내화
□ スリッパ (すりっぱ) 스립파 슬리퍼

□ ブーツ (ぶーつ)
부–츠 부츠, 장화

□ ヒール (ひーる)
히–루 굽 높은 구두

□ 短靴 (たんか)
탕카 단화

□ **登山靴** (とざんぐつ)
토장구츠 등산화

□ **革靴** (かわぐつ)
카와구츠 가죽구두

□ **運動靴** (うんどうぐつ)
운도-구츠 운동화

□ **スニーカー** (すにーかー)
스니-카- (고무바닥의)운동화

〈관련어〉

□ **シューズ** (しゅーず) 슈–즈 신발

□ **靴ひも** (くつひも) 쿠츠히모 구두끈

□ **靴べら** (くつべら) 쿠츠베라 구둣주걱

□ **蹄鉄** (ていてつ) 테–테츠 편자

□ **フットウェア** (ふっとうぇあ) 훋토웨아 신는 것

□ **踏み台** (ふみだい) 후미다이 발판

□ **靴屋** (くつや) 쿠츠야 신발가게

□ **製靴業者** (せいかぎょうしゃ)
세–카교–샤 신발제조업자

□ **シューズ袋** (しゅーずふくろ)
슈–즈후쿠로 신발 주머니

□ **軍靴** (ぐんか) 궁카 군화

□ **編上靴** (へんじょうか) 헨죠–카 편상화

□ **足跡** (あしあと) 아시아토 발자국

□ **靴箱** (くつばこ) 쿠츠바코 구두상자

□ **シューブラシ** (しゅーぶらし) 슈–부라시 구둣솔

□ **靴磨き** (くつみがき) 쿠츠미가키
(거리의)구두닦이

□ **シューツリー** (しゅーつりー) 슈–츠리– 구두의 골

□ **バックル** (ばっくる) 박쿠루 구두의 죔쇠

❸ 소품(小物)

□ **イヤリング** (いやりんぐ)
이야링구 귀걸이

□ **ブレスレット** (ぶれすれっと)
부레스렏토 팔찌

□ **サングラス**
(さんぐらす)
상구라스 색안경

□ **マフラー** (まふらー)
마후라ー 목도리

□ **指輪** (ゆびわ)
유비와 반지

□ **ブローチ** (ぶろーち)
부로ー치 브로치

□ **ネックレス**
(ねっくれす)
넥쿠레스 목걸이

□ **ハンカチ** (はんかち)
항카치 손수건

□ **ストッキング** (すとっきんぐ) 스톡킹구 스타킹
□ **ソックス** (そっくす) 속쿠스 (짧은)양말

□ **ヘアピン** (へあぴん)
헤아핀 머리핀

□ **腕時計** (うでどけい) 우데도케- 손목시계
□ **ショール** (しょーる) 쇼-루 숄
□ **ベルト** (べると) 베루토 벨트

□ **ネクタイ** (ねくたい)
네쿠타이 넥타이
□ **ネクタイピン**
(ねくたいぴん)
네쿠타이핑 넥타이핀

□ **手袋** (てぶくろ) 테부쿠로 장갑
□ **財布** (さいふ) 사이후 지갑

□ **ミトン** (みとん) 미통
벙어리장갑

□ **ボータイ** (ぼーたい)
보-타이 나비넥타이

75

〈관련어〉

□ **メガネ** (めがね) 메가네 안경

□ **双眼鏡** (そうがんきょう) 소-강쿄- 쌍안경

□ **二重焦点メガネ** (にじゅうしょうてんめがね)
　　　　　　　　　니쥬-쇼-템메가네 이중초점안경

□ **保(護)メガネ** (ほ(ご)めがね) 호(고)메가네 보(호)안경

□ **老眼鏡** (ろうがんきょう) 로-강쿄- 독서안경, 노안경

□ **コンタクトレンズ** (こんたくとれんず) 콘타쿠토렌즈 콘택트렌즈

□ **財布** (さいふ) 사이후 돈지갑

□ **パンティストッキング** (ぱんてぃすとっきんぐ)
　　　　　　　　　판티스톡킹구 팬티스타킹

□ **マフラー** (まふらー) 마후라– 머플러, 목도리

□ **髪飾り** (かみかざり) 카미카자리 머리장식

□ **ボビーピン** (ぼびーぴん) 보비–핑 머리핀의 일종

□ **ボンネット** (ぼんねっと) 본넫토 보닛(턱밑에서 끈을 매는 모자)

□ **ピンセット** (ぴんせっと) 핀섿토 족집게

□ **リボン** (りぼん) 리봉 리본

□ **携帯電話** (けいたいでんわ) 케–타이뎅와 휴대폰

□ **風船** (ふうせん) 후–셍 풍선

□ **イヤーマフ** (いやーまふ) 이야–마후 귀덮개, 귀가리개

4 보석류(ジュエリー)

□ **ダイアモンド** (だいあもんど)
다이아몬도 다이아몬드

□ **金** (きん) 킹 금

□ **銀** (ぎん) 깅 은

□ **エメラルド** (えめらるど)
에메라루도 에머럴드, 취옥

□ **ルビー** (るびー)
루비– 루비, 홍옥

□ **真珠** (しんじゅ) 신쥬 진주

□ **珊瑚** (さんご) 상고 산호

□ **象牙** (ぞうげ)
조-게 상아

□ **翡翠(玉)**
(ひすい(ぎょく) 히스이(교쿠)
비취, 옥

□ **琥珀** (こはく)
코하쿠 호박

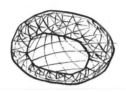

□ **アメジスト** (あめじすと)
아메지스토 자수정

□ **プラチナ** (ぷらちな)
푸라치나 백금

□ **サファイア**
(さふぁいあ) 사화이아
사파이어, 청옥

□ **水晶** (すいしょう)
스이쇼- 수정

〈관련어〉

□ **トパーズ** (とぱーず) 토파ー즈 황옥

□ **貴金属** (ききんぞく) 키킨조쿠 귀금속

□ **貴重品** (きちょうひん) 키쵸ー힝 귀중품

□ **宝石** (ほうせき) 호ー세키 보석

□ **最高の紅玉** (さいこうのこうぎょく) 사이코ー노 코ー교쿠 최상의 홍옥

□ **質の良い紅玉** (しつのいいこうぎょく)
시츠노이ー 코ー교쿠 질이 좋은 홍옥

□ **宝石研磨(術)** (ほうせきけんま(じゅつ))
호ー세키겜마(쥬츠) 보석연마(술)

□ **宝石(原石)** (ほうせき(げんせき)) 호ー세키(겐세키) 보석(원석)

□ **誕生石** (たんじょうせき) 탄죠ー세키 탄생석

□ **偽物** (にせもの) 니세모노 위조품, 가짜

□ **模造品** (もぞうひん) 모조–힝 모조품

□ **本物の真珠** (ほんもののしんじゅ) 혼모노노신쥬 진짜진주

□ **模造真珠** (もぞうしんじゅ) 모조–신쥬 모조진주

□ **養殖真珠** (ようしょくしんじゅ) 요–쇼쿠신쥬 양식진주

□ **宝石細工人(鑑定士)** (ほうせきさいくにん(かんていし))
  호–세키사이쿠닝(칸테–시) 보석세공인(감정사)

□ **宝石細工** (ほうせきさいく) 호–세키사이쿠 보석세공

□ **宝石商** (ほうせきしょう) 호–세키쇼– 보석상

□ **宝石店** (ほうせきてん) 호–세키텡 보석가게

□ **宝石箱** (ほうせきばこ) 호–세키바코 보석상자

5 색깔(色)

☐ **赤い** (あかい) 아카이 빨강
☐ **黄色い** (きいろい) 키-로이 노랑
☐ **青い** (あおい) 아오이 파랑
☐ **オレンジ色** (おれんじいろ) 오렌지-로 **오렌지색**
☐ **緑色** (みどりいろ) 미도리-로 녹색
☐ **紫色** (むらさきいろ) 무라사키-로
　자색
☐ **桜色** (さくらいろ) 사쿠라이로
　연분홍

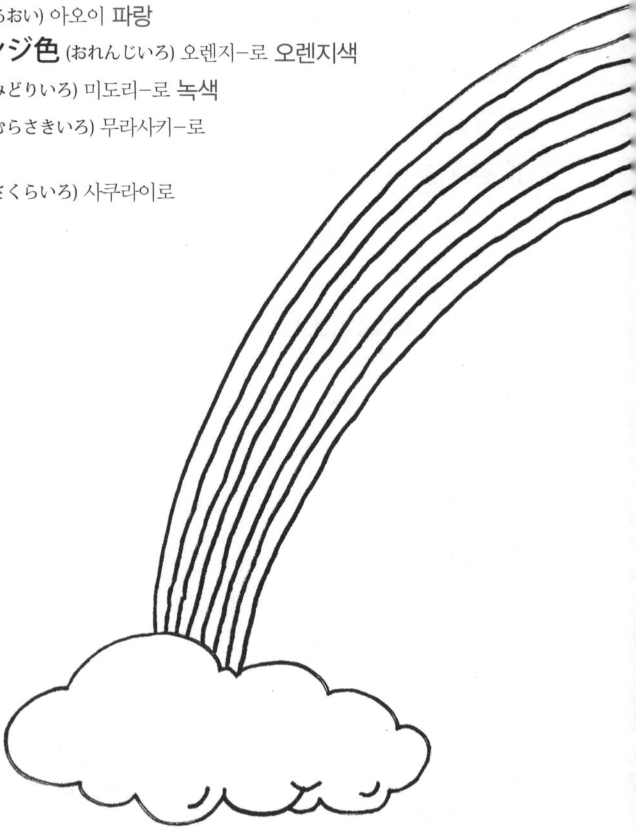

□ **青緑色** (あおみどりいろ) 아오미도리ー로 청록색
□ **黒い** (くろい) 쿠로이 검은색
□ **白い** (しろい) 시로이 흰색

□ **灰色** (はいいろ) 하이이로 회색
□ **クリーム色** (くりーむいろ) 쿠리ー무이로 크림색
□ **茶褐色** (ちゃかっしょく) 챠캇쇼쿠 다갈색
□ **ベージュ色** (べーじゅいろ) 베ー쥬이로 베이지색

〈관련어〉

□ **ゴルド** (ごるど) 고루도 금빛, 황금색

□ **シルバー** (シルバー) 시루바- 은빛, 은색

□ **空色** (そらいろ) 소라이로 하늘색

□ **紺青** (こんじょう) 콘죠- 짙은 청색

□ **濃緑色** (のうりょくしょく) 노-료쿠쇼쿠 진초록

□ **浅緑** (あさみどり) 아사미도리 연두색

□ **アイボリー** (あいぼりー) 아이보리- 상아빛

□ **桃色** (ももいろ) 모모이로 분홍색

□ **深紅色** (しんこうしょく) 싱코-쇼쿠 심홍색

□ **緋色** (ひいろ) 히이로 주홍, 진홍색

□ **鮮やか** (あさやか) 아사야카 (색깔이)선명한

□ **茶色を帯びた** (ちゃいろをおびた)
   챠이로오 오비타 갈색을 띤

□ **青みを帯びた** (あおみをおびた)
   아오미오 오비타 푸른빛을 띤, 푸르스름한

□ **白みがかった** (しろみがかった) 시로미가캍타 희끄무레한

□ **暗い, 黒っぽい** (くらい, くろっぽい) 쿠라이, 쿠롭포이
   어두운, 거무스름한

□ **薄い色の** (うすいいろの) 우스이이로노 엷은 빛깔의

□ **浅黒い** (あさぐろい) 아사구로이 거무스름한

□ **色合い** (いろあい) 이로아이 색상

□ **柔らかな色** (やわらかないろ) 야와라카나이로 부드러운 색

□ **くすんだ色** (くすんだいろ) 쿠슨다이로 우중충한 색

□ **落ち着いた色** (おちついたいろ) 오치츠이타이로 차분한 색

□ **明るい色** (あかるいいろ) 아카루이이로 밝은 색

chapter 4 · 신체(体)

1 (우리)몸(体) – 얼굴(顔)

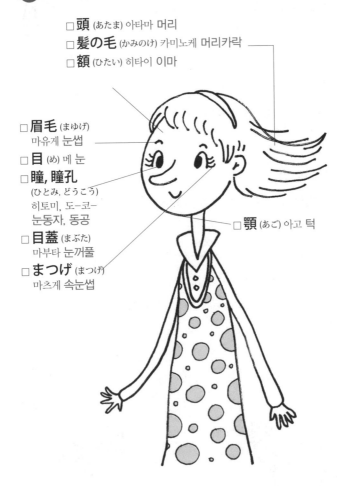

□ **頭** (あたま) 아타마 머리
□ **髪の毛** (かみのけ) 카미노케 머리카락
□ **額** (ひたい) 히타이 이마

□ **眉毛** (まゆげ)
마유게 눈썹
□ **目** (め) 메 눈
□ **瞳, 瞳孔**
(ひとみ, どうこう)
히토미, 도-코-
눈동자, 동공
□ **目蓋** (まぶた)
마부타 눈꺼풀
□ **まつげ** (まつげ)
마츠게 속눈썹

□ **顎** (あご) 아고 턱

□ **にきび** (にきび) 니키비 여드름
□ **しわ** (しわ) 시와 주름
□ **カマキリ, 黒子** (かまきり, ほくろ)
　카마키리, 호쿠로 사마귀, 점

□ **こめかみ** (こめかみ)
　코메카미 관자놀이

□ **そばかす** (そばかす)
　소바카스 주근깨

□ **傷, 傷跡** (きず, きずあと)
　키즈, 키즈아토 상처, 흉터

□ **頰, ほっぺた**
　(ほお, ほっぺた)
　호ー, 홉페타 뺨, 볼

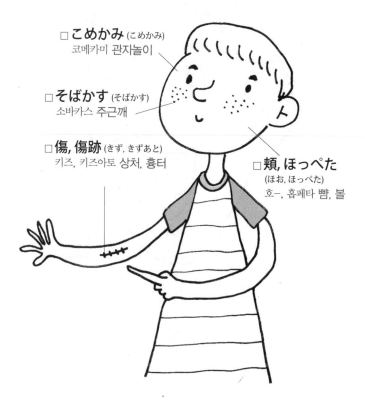

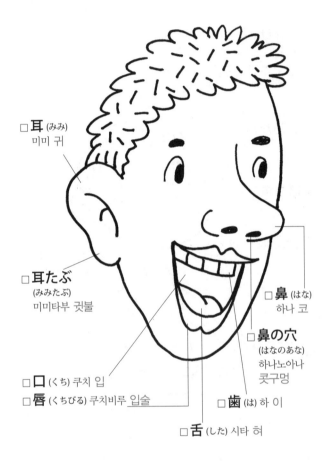

□ **耳** (みみ)
미미 귀

□ **耳たぶ**
(みみたぶ)
미미타부 귓불

□ **口** (くち) 쿠치 입

□ **唇** (くちびる) 쿠치비루 입술

□ **鼻** (はな)
하나 코

□ **鼻の穴**
(はなのあな)
하나노아나
콧구멍

□ **歯** (は) 하 이

□ **舌** (した) 시타 혀

□ **もみあげ** (もみあげ)
모미아게 짧은 구렛나루

□ **頬髭** (ほおひげ) 호–히게
구렛나루

□ **鼻髭, 口髭**
(はなひげ, くちひげ)
하나히게, 쿠치히게
콧수염

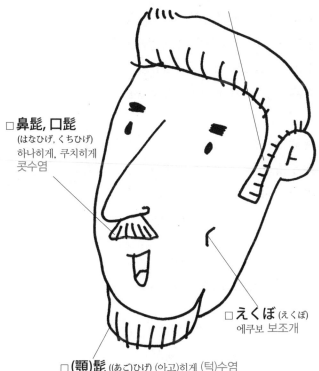

□ **えくぼ** (えくぼ)
에쿠보 보조개

□ **(顎)髭** ((あご)ひげ) (아고)히게 (턱)수염

□ **山羊髭** (やぎひげ) 야기히게 염소수염

〈관련어〉

□ **二重まぶた** (ふたえまぶた) 후타에마부타 쌍꺼풀

□ **一重まぶた** (ひとえまぶた) 히토에마부타 홑꺼풀

□ **上まぶた** (うえまぶた) 우에마부타 윗눈꺼풀

□ **下まぶた** (したまぶた) 시타마부타 아랫눈꺼풀

□ **上唇** (うわくちびる) 우와쿠치비루 윗입술

□ **下唇** (したくちびる) 시타쿠치비루 아랫입술

□ **歯茎** (はぐき) 하구키 잇몸

□ **禿げ頭** (はげあたま) 하게아타마 대머리

□ **御河童** (おかっぱ) 오캅파 단발머리

□ **縮れ毛** (ちぢれげ) 치지레게 고수머리

□ **ポニーテール** (ぽにーてーる) 포니−테−루
　　뒤에서 묶어 아래로 드리운 머리(포니테일)

□ **下げ髪** (さげがみ) 사게가미 땋은 머리

□ **アフロ** (あふろ) 아후로 아프로(아프리카풍의 둥그런 머리형)

□ **ヘアスタイル** (へあすたいる) 헤아스타이루
머리모양(치장)

□ **青目, 碧眼** (あおめ, へきがん) 아오메, 헤키간 푸른 눈

□ **眠そうな目** (ねむそうなめ) 네무소-나메 졸린듯한 눈

□ **茶色の瞳** (ちゃいろのひとみ) 챠이로노히토미 갈색 눈동자

□ **好意的な目** (こういてきなめ) 코-이테키나메 호의적인 눈

□ **視力検査表** (しりょくけんさひょう) 시료쿠켄사효- 시력검사표

□ **横顔** (よこがお) 요코가오 옆모습

□ **顔色** (かおいろ) 카오이로 안색

□ **ポーカーフェース** (ぽーかーふぇーす)
포-카-훼-스 무표정한 얼굴

□ **渋面** (しぶっつら) 시붓츠라 찡그린 얼굴

□ **ぽかんとした顔** (ぽかんとしたかお)
포칸토시타카오 멍한 표정

2 (우리)몸(体) – 보이는 부분(目に見える部分)

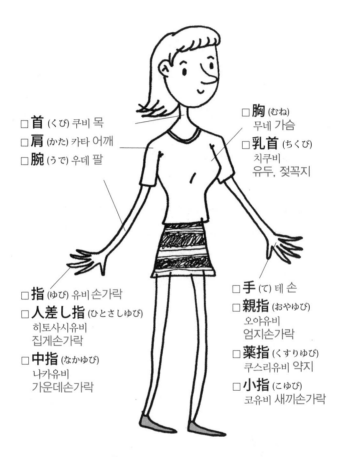

□ **首** (くび) 쿠비 목
□ **肩** (かた) 카타 어깨
□ **腕** (うで) 우데 팔

□ **胸** (むね)
무네 가슴
□ **乳首** (ちくび)
치쿠비
유두, 젖꼭지

□ **指** (ゆび) 유비 손가락
□ **人差し指** (ひとさしゆび)
히토사시유비
집게손가락
□ **中指** (なかゆび)
나카유비
가운데손가락

□ **手** (て) 테 손
□ **親指** (おやゆび)
오야유비
엄지손가락
□ **薬指** (くすりゆび)
쿠스리유비 약지
□ **小指** (こゆび)
코유비 새끼손가락

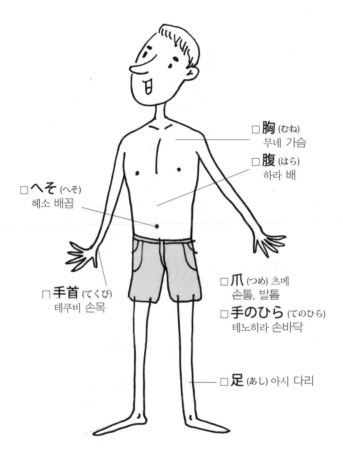

□ **胸** (むね)
무네 가슴

□ **腹** (はら)
하라 배

□ **へそ** (へそ)
헤소 배꼽

□ **手首** (てくび)
테쿠비 손목

□ **爪** (つめ) 츠메
손톱, 발톱

□ **手のひら** (てのひら)
테노히라 손바닥

□ **足** (あし) 아시 다리

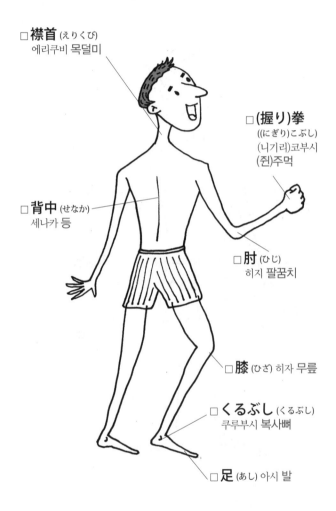

□ **襟首** (えりくび)
에리쿠비 목덜미

□ **(握り)拳**
((にぎり)こぶし)
(니기리)코부시
(쥔)주먹

□ **背中** (せなか)
세나카 등

□ **肘** (ひじ)
히지 팔꿈치

□ **膝** (ひざ) 히자 무릎

□ **くるぶし** (くるぶし)
쿠루부시 복사뼈

□ **足** (あし) 아시 발

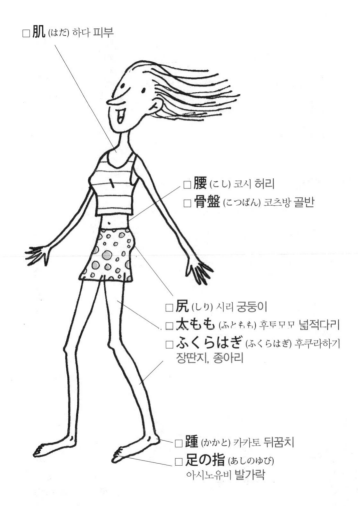

□ 肌 (はだ) 하다 피부

□ 腰 (こし) 코시 허리
□ 骨盤 (こつばん) 코츠방 골반

□ 尻 (しり) 시리 궁둥이
□ 太もも (ふともも) 후토모모 넓적다리
□ ふくらはぎ (ふくらはぎ) 후쿠라하기
　 장딴지, 종아리

□ 踵 (かかと) 카카토 뒤꿈치
□ 足の指 (あしのゆび)
　 아시노유비 발가락

〈관련어〉

□ **肌** (はだ) 하다 피부

□ **白い肌** (しろいはだ) 시로이하다 하얀 살결

□ **表皮** (ひょうひ) 효−히 표피

□ **尻** (しり) 시리 궁둥이

□ **足の指** (あしのゆび) 아시노유비 발가락

□ **足指の爪** (あしゆびのつめ) 아시유비노츠메 발톱

□ **足の親指** (あしのおやゆび) 아시노오야유비 엄지발가락

□ **足の小指** (あしのこゆび) 아시노코유비 새끼발가락

□ **体重** (たいじゅう) 타이쥬− 무게, 체중

□ **身長** (しんちょう) 신쵸− 키

□ **太っちょ** (ふとっちょ) 후톤쵸 뚱뚱한 사람

□ **やせっぽち** (やせっぽち) 야셉포치 바싹마른

□ **太っちょの女** (ふとっちょのおんな) 후돈쵸노온나 뚱뚱한 여인

□ **ふくよか** (ふくよか) 후쿠요카 풍만한

□ **ふっくらした頬** (ふっくらしたほお) 훅쿠라시타호– 통통한 볼

□ **背の高い** (せのたかい) 세노타카이 키 큰

□ **背の低い** (せのひくい) 세노히쿠이 키가 작은

□ **可愛らしい顔** (かわいらしいかお) 카와이라시–카오 애교있는 얼굴

□ **可愛い** (かわいい) 카와이– 귀여운

□ **青白い** (あおしろい) 아오시로이 얼굴이 창백한

□ **美しい** (うつくしい) 우츠쿠시– 아름다운

□ **ハンサムな** (はんさむな) 한사무나 잘생긴

□ **美しい顔** (うつくしいかお) 우츠쿠시–카오 아름다운 얼굴

□ **外耳** (がいじ) 가이지 외이

③ (우리)몸(体)
– 보이지 않는 부분(目に見えない部分)

□ **脳** (のう) 노- 뇌
□ **喉** (のど) 노도 목(구멍)

　　　□ **肋骨** (あばらぼね) 아바라보네 늑골,
　　　갈빗대
　　　□ **胃** (い) 이 위

　　□ **ニューロン** (にゅーろん)
　　　뉴-롱 신경단위, 뉴런

□ **骨** (ほね) 호네 뼈
□ **筋肉** (きんにく) 킨니쿠 근육
□ **関節** (かんせつ) 칸세츠 관절

□ **細胞** (さいぼう) 사이보− 세포

□ **腱** (けん) 켕 힘줄
□ **心臓** (しんぞう) 신조− 심장

□ **肝** (きも) 키모 간장, 간
□ **肺** (はい) 하이 폐, 허파

□ **背骨** (せぼね) 세보네 등뼈, 척추
□ **腎臓** (じんぞう) 진조− 신장, 콩팥

□ **子宮** (しきゅう) 시큐− 자궁

□ **動脈** (どうみゃく) 도−먀쿠 동맥
□ **静脈** (じょうみゃく) 죠−먀쿠 정맥

□ **膀胱** (ぼうこう)
보-코- 방광
□ **血管** (けっかん) 켁캉 혈관

□ **口蓋垂** (こうがいすい) 코-가이스이 목젖
□ **膵臓** (すいぞう) 스이조- 췌장

□ **胆嚢** (たんのう) 탄노- 쓸개, 담낭
□ **十二指腸** (じゅうにしちょう) 쥬-니시쵸- 십이지장

□ **腸** (ちょう) 쵸– 장
□ **大腸** (だいちょう) 다이쵸– 대장

□ **小腸** (しょうちょう)
쇼–쵸– 소장

□ **肉** (にく) 니쿠 살
□ **血, 血液** (ち, けつえき) 치, 케츠에키
피, 혈액
□ **声** (こえ) 코에 목소리

□ **呼吸** (こきゅう) 코큐– 호흡

〈관련어〉

□ **内臓** (ないぞう) 나이조- 내장

□ **盲腸** (もうちょう) 모-쵸- 맹장

□ **真皮** (しんぴ) 심피 진피

□ **耳聡い** (みみざとい) 미미자토이 귀 밝은

□ **耳が早い** (みみがはやい) 미미가하야이 귀가 밝다

□ **喉** (のど) 노도 목구멍

□ **中耳** (ないじ) 나이지 내이

□ **鼓膜** (こまく) 코마쿠 고막

□ **消化器官** (しょうかきかん) 쇼-카키캉 소화기관

□ **良い声** (いいこえ) 이-코에 좋은 목소리

□ **胸声** (きょうせい) 쿄-세- 흉성

□ **頭声** (とうせい) 토-세- 두성

□ **嗄れ声** (かれごえ) 카레고에 목쉰소리

□ **甲声** (かんごえ) 캉고에 새된소리

□ **力強い低音** (ちからづよいていおん) 치카라즈요이 테—옹 힘찬 저음

□ **深い眠り** (ふかいねむり) 후카이네무리 깊은 잠

□ **(呼吸)気管** ((こきゅう)きかん) 코큐—키캉 (호흡)기관

□ **感覚器官** (かんかくきかん) 캉카쿠키캉 감각기관

□ **重要臓器** (じゅうようぞうき) 쥬—요—조—키 중요장기

□ **急所** (きゅうしょ) 큐—쇼 급소

□ **生命力** (せいめいりょく) 세—메—료쿠 생명력

□ **空腹感** (くうふくかん) 쿠—후쿠캉 공복감

□ **不安感** (ふあんかん) 후앙캉 불안감

□ **エネルギー源** (えねるぎーげん) 에네루기—겡 에너지원

□ **体力** (たいりょく) 타이료쿠 체력

□ **気力** (きりょく) 키료쿠 기력

④ (우리)몸(体) – 분비물(分泌物)

□ **耳垢** (みみあか)
미미아카 귀지

□ **涙** (なみだ) 나미다 눈물

□ **鼻くそ** (はなくそ)
하나쿠소 코딱지

□ **ふけ** (ふけ) 후케 비듬

□ **おくび** (おくび)
오쿠비 트림

□ **おなら**
(おなら)
오나라 방귀

□ **小便** (しょうべん)
쇼-벵 소변, 오줌

□ **排泄物** (はいせつぶつ)
하이세츠부츠 배설물

□ **欠伸** (あくび) 아쿠비 하품
□ **汗** (あせ) 아세 땀

□ **唾** (つば) 츠바 침, 타액
□ **しゃっくり** (しゃっくり)
  샥쿠리 딸꾹질
□ **くしゃみ** (くしゃみ) 쿠샤미 재채기
□ **鼻水** (はなみず) 하나미즈 콧물

〈관련어〉

□ **分泌器官** (ぶんぴつきかん) 붐피츠키캉 분비기관

□ **汗腺** (かんせん) 칸셍 땀샘

□ **冷や汗** (ひやあせ) 히야아세 식은땀

□ **内分泌(作用)** (ないぶんぴつ(さよう))
　　나이붐피츠(사요–) 내분비(작용)

□ **内出血** (ないしゅっけつ) 나이슉케츠 내출혈

□ **分泌線** (ぶんぴつせん) 붐피츠셍 분비선

□ **セクレチン** (せくれちん) 세쿠레칭
　　세크레틴(소장내에 생기는 호르몬)

□ **過剰分泌** (かじょうぶんぴつ) 카죠–붐피츠 과잉분비

□ **排出** (はいしゅつ) 하이슈츠 배출

□ **排泄物** (はいせつぶつ) 하이세츠부츠 배설물

□ **うんこ** (うんこ) 웅코 똥

□ **糞便** (ふんべん) 훔벵 똥

□ **甲状腺** (こうじょうせん) 코-죠-셍 갑상선

□ **チロキシン** (ちろきしん) 치로키싱 티록신(갑상선호르몬)

□ **ため息** (ためいき) 타메이키 한숨, 탄식

□ **息** (いき) 이키 숨, 호흡

□ **咳** (せき) 세키 기침

□ **げっぷ** (げっぷ) 겝푸 트림

chapter 5

성격(性格)

1 느낌(感じ)

□ **ムード** (むーど) 무-도
기분

□ **恋** (こい) 코이 (남녀 간의)사랑

□ **喜び** (よろこび) 요로코비 기쁨

□ **興奮** (こうふん) 코-훙 흥분

□ **幸福, 幸せ** (こうふく, しあわせ)
코-후쿠, 시아와세 행복

□ **愉快** (ゆかい) 유카이 유쾌함

□ **楽しみ** (たのしみ) 타노시미 즐거움

□ **親切** (しんせつ) 신세츠 친절

□ **想像(力)** (そうぞう(りょく)
소-조-(료쿠) 상상(력)

□ **感動** (かんどう) 칸도- 감동

□ **希望** (きぼう) 키보– 희망
□ **安心** (あんしん) 안싱 안심
□ **信頼** (しんらい) 신라이 믿음, 신뢰

□ **慰め** (なぐさめ)
나구사메 위로, 위안
□ **同情** (どうじょう)
도–죠– 동정

□ **恐れ** (おそれ) 오소레 두려움
□ **心配** (しんぱい) 심파이 걱정, 고민
□ **不安** (ふあん) 후앙 불안
□ **悩み** (なやみ) 나야미 고민
□ **神経質** (しんけいしつ) 싱케–시츠
신경과민

□ **怒り** (いかり) 이카리
노여움, 분노

□ **恥ずかしさ** (はずかしさ)
하즈카시사 부끄럼, 수치

□ **失望** (しつぼう) 시츠보– 실망

□ **うらやましさ** (うらやましさ)
우라야마시사 부러움

□ **同情** (どうじょう) 도–죠– 동정

□ **感謝** (かんしゃ) 칸샤 감사

□ **悲しみ** (かなしみ) 카나시미
슬픔, 비애

□ **誤解** (ごかい) 고카이 오해

□ **恐怖** (きょうふ)
쿄–후 공포

□ **危険** (きけん)
키켕 위험
□ **注意** (ちゅうい) 츄-이
주의, 관심

□ **歓喜** (かんき) 캉키 환희
□ **平和** (へいわ) 헤-와 평화
□ **感情** (かんじょう) 칸죠- 감정
□ **満足** (まんぞく) 만조쿠 만족

□ **急ぎ** (いそぎ) 이소기 서두름
□ **迅速** (じんそく) 진소쿠 급함, 신속

□ **不満** (ふまん) 후망 불만
□ **予想** (よそう) 요소- 예상

□ **印象** (いんしょう) 인쇼- 인상
□ **感嘆** (かんたん) 칸탕 감탄
□ **驚愕** (きょうがく)
　쿄-가쿠 경악

□ **迷惑** (めいわく)
　메-와쿠 성가심, 폐
□ **嫌悪** (けんお)
　켕오 혐오

□ **寂しさ**
　(さびしさ) 사비시사
　쓸쓸함, 적막함, 고독

□ **緊張** (きんちょう) 킨쵸- 긴장
□ **焦り** (あせり) 아세리 안달, 초조
□ **恐ろしさ** (おそろしさ) 오소로시사
　두려운 것, 장엄함

□ **笑い** (わらい) 와라이 웃음
□ **いたずら** (いたずら)
　이타즈라 장난

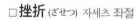

□ **挫折** (ざせつ) 자세츠 좌절
□ **自尊心** (じそんしん)
　지손싱 자존심

□ **冷静** (れいせい) 레-세- 냉정
□ **知恵** (ちえ) 치에 현명함, 지혜

□ **戦慄** (せんりつ) 센리츠
　전율, 떨림
□ **恐怖** (きょうふ) 쿄-후 공포
□ **苦痛** (くつう) 쿠츠- 고통

□ **喜び** (よろこび) 요로코비 기쁨
□ **ユーモア** (ゆーもあ)
　유-모아 유머, 해학

□ **興味** (きょうみ) 쿄-미
　관심, 흥미

□ **憂鬱** (ゆううつ) 유―우츠 우울
□ **誘惑** (ゆうわく) 유―와쿠 유혹

□ **自由** (じゆう) 지유― 자유
□ **正直** (しょうじき) 쇼―지키 정직
□ **真実** (しんじつ) 신지츠 진실

□ **緊張** (きんちょう) 킨쵸― 긴장

□ **感謝** (かんしゃ) 칸샤 감사

〈관련어〉

□ **勇気** (ゆうき) 유—키 용기(정신력)

□ **酔った勢い** (よったいきおい)
   욛타이키오이 술김의 용기, 허세

□ **理想** (りそう) 리소– 이상

□ **道連れ** (みちづれ) 미치즈레 여행의 길동무

□ **絶望** (ぜつぼう) 세츠보– 절망

□ **白昼夢** (はくちゅうむ) 하쿠츄—무 백일몽, 방심

□ **憂鬱な気分** (ゆううつなきぶん)
   유—우츠나키붕 우울한 기분

□ **文句** (もんく) 몽쿠 불평, 비난

□ **無力** (むりょく) 무료쿠 무능력

□ **武勇** (ぶゆう) 부유– 영웅적 자질(행위)

□ **残酷さ** (ざんこくさ) 장코쿠사 잔혹함

□ **能力** (のうりょく) 노-료쿠 능력

□ **機能** (きのう) 키노- 기능

□ **孤独** (こどく) 코도쿠 고독

□ **丁重さ** (ていちょうさ) 테-쵸-사 공손, 예의바름

□ **嫉妬** (しっと) 싣토 질투, 시샘

□ **誠実** (せいじつ) 세-지츠 성실

□ **純粋** (じゅんすい) 쥰스이 청정, 순수

□ **信念** (しんねん) 신넹 신념

□ **信用** (しんよう) 신요- 신용

□ **気兼ね** (きばね) 키바네 자신없음

□ **忠実** (ちゅうじつ) 츄-지츠 충실

□ **謙遜** (けんそん) 켄송 겸손

② 감정(感情)

□ **嬉しい**
(うれしい) 우레
시-
기쁜, 행복에 가득찬

□ **悲しい** (かなしい)
카나시- 슬픈

□ **混乱した**
(こんらんした) 콘란시타
혼란한, 당황한

□ **激烈な** (げきれつな)
게키레츠나 격렬한
□ **冷静な** (れいせいな)
레-세-나 냉정한

□ **お腹がいっぱいだ**
(おなかがいっぱいだ)
오나카가 입파이다
배가 부르다

□ **眠い** (ねむい)
네무이 졸린
□ **疲れた** (つかれた)
츠카레타 피로한, 지친
□ **へこたれた**
(へこたれた) 헤코타레타
녹초가 된

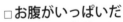

□ **お腹がすいた**
(おなかがすいた)
오나카가 스이타 배고픈

□ **びっくりした**
(びっくりした) 빅쿠리시타
깜짝 놀란

□ **喉が渇いた**
(のどがかわいた) 노도가 카와이타
목마른, 갈망하는

□ **恥ずかしい**
(はずかしい) 하즈카시-
부끄럽다

□ **情け深い** (なさけぶかい) 나사케부카이-
인정이 많다

□ **立派な** (りっぱな) 립파나 훌륭한, 뛰어난

□ **親切な** (しんせつな) 신세츠나 친절한

□ **偉い** (えらい) 에라이 큰, 중대한, 훌륭한

□夢中になった (むちゅうになった)
무츄–니낫타 열중한

□気に入つた (きにいった)
키니잇타 마음에 드는

□公平な (こうへいな)
코–헤–나 공평한, 정당한

□穏やかな (おだやかな)
오다야카나 온화한, 점잖은

□丁寧な (ていねいな)
테–네–나 공손한, 예의바른

□素敵な (すてきな) 스테키나 환상적인, 굉장한

□すばらしい (すばらしい) 스바라시– 훌륭한

□優秀な (ゆうしゅうな) 유–슈–나 우수한, 훌륭한

□ **残酷な** (ざんこくな) 장코쿠나
잔혹한, 무자비한

□ **恐ろしい** (おそろしい)
오소로시– 무서운, 가공할

□ **強い** (つよい) 츠요이
강한, 굳센

□ **弱い** (よわい) 요와이
약한, 무력한

□ **怖い** (こわい) 코와이
무서워하는, 겁먹은

□ **うんざりな**
(うんざりな) 운자리나
싫증난, 지루한

□ **本当の**
(ほんとうの) 혼토–노
정말의, 진실한

□ **病気した**
(びょうきした) 뵤–키시타
병의, 병에 걸린

□ **健康な** (けんこうな) 켕코–나
건강한, (형편이) 좋은

□ **間違いない** (まちがいない) 마치가이나이 틀림없는, 확실한
□ **確信する** (かくしんする) 카쿠신스루
　 확신하는, 확실한
□ **完璧な** (かんぺきな) 캄페키나
　 완전한, 결점이 없는
□ **ちんまりした** (ちんまりとした)
　 침마리시타 아담한
□ **正直な** (しょうじきな) 쇼–지키나 정직한

□ **如才ない**
　 (じょさいない) 죠사이나이
　 빈틈없는, 재치있는

□ **疑わしい**
　 (うたがわしい) 우타가와시–
　 의심스러운, 확신을 못하는

□ **ユーモラスな**
　 (ゆーもらすな)
　 유–모라스나
　 유머가 풍부한

□ **馬鹿な**
　 (ばかな) 바카나
　 미련한, 바보같은

□ **失望した** (しつぼうした)
시츠보−시타 실망한, 낙담한

□ **無礼な** (ぶれいな)
부레−나
버릇없는, 무례한

□ **混乱した** (こんらんした)
콘란시타 당황한, 혼란한

□ **寂しい** (さびしい) 사비시−
외로운, 고독한

□ **必要な** (ひつような)
히츠요−나 필요한

□ **自由な** (じゆうな)
지유−나 자유로운

□ **怠ける** (なまける)
나마케루 게으른, 나태한

□ **真面目な** (まじめな) 마지메나
근면한, 부지런한

□ **生きている** (いきている) 이키데이루
　살아 있는

□ **安全だ** (あんぜんだ) 안젠다 안전하다

□ **いきいきする** (いきいきする) 이키이키스루
　생생하다, 생동감있다

□ **狂う** (くるう) 쿠루우
　미치다

□ **誤る** (あやまる)
　아야마루
　틀리다, 잘못되다

□ **勇ましい** (いさましい)
　이사마시이 용감하다

□ **根気** (こんき) 콩키 끈기

□ **照れる** (てれる)
　테레루 수줍어하다

□ **慌てる** (あわてる)
　아와테루 당황하다

□ **弱々しい**
　(よわよわしい)
　요와요와시－
　연약하다, 가냘프다

□ **夢のようだ** (ゆめのようだ)
유메노요우다 꿈같다

□ **真実だ** (しんじつだ) 신지츠다 진실이다

□ **不思議だ** (ふしぎだ)
후시기다 이상하다

□ **好奇心がある** (こうきしんがある)
코-키싱가아루 호기심이 있다

□ **ロマンチックだ** (ろまんちっくだ) 로만칙쿠다 로맨틱하다

□ **忙しい** (いそがしい)
이소가시-
바쁘다

□ **有名だ** (ゆうめいだ)
유-메-다 유명하다

□ **ポピュラーだ** (ぽぴゅらーだ)
포퓨라-다 대중적이다, 인기있다

□ **嫉妬する** (しっとする) 싯토스루 질투하다

□ **愚かだ** (おろかだ) 오로카다 어리석다

□ **ばかばかしい** (ばかばかしい) 바카바카시- 바보같다

〈관련어〉

□ **豊かだ** (ゆたかだ) 유타카다 풍부하다, 부유하다

□ **貧しい** (まずしい) 마즈시- 가난하다

□ **複雑な** (ふくざつな) 후쿠자츠나 복잡하다

□ **簡単だ** (かんたんだ) 칸탄다 간단하다

□ **地味だ** (じみだ) 지미다 수수하다

□ **純朴な態度** (じゅんぼくなたいど)
  쥼보쿠나타이도 순박한 태도

□ **完全だ** (かんぜんだ) 칸젠다 완전하다

□ **条件付き** (じょうけんつき) 죠-켄츠키 조건부

□ **絶対的** (ぜったいてき) 젣타이테키 절대적

□ **気づかない** (きづかない) 키즈카나이 눈치채지 못하다

□ **率直だ** (そっちょくだ) 솓쵸쿠다 솔직하다

□ **歓迎** (かんげい) 캉게- 환영

□ **愛しい** (いとしい) 이토시- 사랑스럽다

□ **悲しい** (かなしい) 카나시- 슬프다

□ **残念だ** (ざんねんだ) 잔넨다 유감이다

□ **傷つく** (きずつく) 키즈츠쿠 다치다

□ **傷ついた表情** (きずついたひょうじょう)
　키즈츠이타효-죠- 상처받은 표정

□ **特別だ** (とくべつだ) 토쿠베츠다 특별하다

□ **すばらしい** (すばらしい) 스바라시- 훌륭하다

□ **華やかだ** (はなやかだ) 하나야카다 화려하다, 화사하다

□ **栄光** (えいこう) 에-코- 영광

□ **別個** (べっこ) 벡코 별개

□ **明らかだ** (あきらかだ) 아키라카다 뚜렷하다

□ **曖昧だ** (あいまいだ) 아이마이다 애매하다

③ 행동(行動)

□ **活動** (かつどう)
　카츠도- 활동
□ **生命** (せいめい)
　세-메- 생명

□ **アイデア** (あいであ) 아이데아 아이디어
□ **許し** (ゆるし) 유루시 용서
□ **アドバイス** (あどばいす) 아도바이스
　충고, 조언
□ **望み** (のぞみ) 노조미 희망, 기대
□ **夢** (ゆめ) 유메 꿈

□ **不思議** (ふしぎ)
　후시기 불가사의, 이상함
□ **冒険** (ぼうけん) 보-켕 모험
□ **幸運** (こううん) 코-웅
　행운

□ **義務** (ぎむ) 기무 의무
□ **注目** (ちゅうもく) 츄-모쿠 주목
□ **テスト** (てすと) 테스토 테스트
□ **行動** (こうどう) 코-도- 행동
□ **証拠** (しょうこ)
　쇼-코 증거
□ **努力** (どりょく)
　도료쿠 노력

□ **習慣** (しゅうかん)
　슈-캉 습관
□ **使用** (しよう) 시요- 사용
□ **入浴** (にゅうよく)
　뉴-요쿠 입욕

□ **強調** (きょうちょう) 쿄-쵸-
　강조
□ **約束** (やくそく) 야쿠소쿠 약속

□ **指定** (してい) 시테- 지정　□ **接触** (せっしょく) 셋쇼쿠 접촉
□ **基礎** (きそ) 키소 기초
□ **根拠** (こんきょ) 콩쿄 근거

□ **出発** (しゅっぱつ)
　슙파츠 출발
□ **終わり** (おわり)
　오와리 끝

□ **通過** (つうか) 츠-카 통과
□ **合格** (ごうかく) 고-카쿠
　합격

□ **統制** (とうせい)
　토-세- 통제
□ **戦争** (せんそう) 센소- 전쟁

□ **失敗** (しっぱい) 십파이 실패
□ **服従** (ふくじゅう)
　후쿠쥬- 복종

□ **治療** (ちりょう) 치료- 치료
□ **回復** (かいふく) 카이후쿠 회복
□ **休息** (きゅうそく) 큐-소쿠 휴식
□ **必要** (ひつよう) 히츠요- 필요

□ **けんか** (けんか)
켕카 싸움

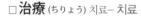

□ **勉強**
(べんきょう)
벵쿄- 공부

□ **記録** (きろく) 키로쿠 기록

□ **仕事** (しごと) 시고토 일, 직업
□ **事務** (じむ) 지무 사무
□ **キャリア** (きゃりあ)
캬리아 경력

□ **目的** (もくてき) 모쿠테키 목적
□ **計画** (けいかく) 케-카쿠 계획
□ **選択** (せんたく) 센타쿠 선택

□ **機会** (きかい)
  키카이 기회
□ **急ぎ** (いそぎ) 이소기
  급함, 서두름
□ **ゲーム** (げーむ)
  게-무 게임

□ **スポーツ** (すぽーつ) 스포-츠 스포츠

□ **遊び** (あそび) 아소비 놀이, 장난
□ **コピー** (こぴー) 코피- 복사

□ **キャンプ** (きゃんぷ) 캼푸 캠프

□ **物語り** (ものがたり) 모노가타리 이야기

□ **コンテスト** (こんてすと) 콘테스토 콘테스트, 경연

□ **行進** (こうしん) 코-싱 행진

□ **嘘** (うそ) 우소 거짓말

〈관련어〉

□ 指導者 (しどうしゃ) 시도-샤 지도자

□ 嘘つき (うそつき) 우소츠키 거짓말쟁이

□ 夢想家 (むそうか) 무소-카 몽상가

□ いたずらっ子 (いたずらっこ) 이타즈락코 개구쟁이

□ 臆病者 (おくびょうもの) 오쿠뵤-모노 겁쟁이

□ 怠け者 (なまけもの) 나마케모노 게으름뱅이

□ 楽天主義 (らくてんしゅぎ) 라쿠텐슈기 낙천주의

□ 厭世主義 (えんせいしゅぎ) 엔세-슈기 염세주의

□ 活動家 (かつどうか) 카츠도-카 활동가

□ 浪漫主義 (ろうまんしゅぎ) 로-만슈기 낭만주의

□ 古典主義 (こてんしゅぎ) 코텐슈기 고전주의

□ **ポピュリズム** (ぽぴゅりずむ) 포퓨리즈무 포퓰리즘

□ **闘士** (とうし) 토−시 투사

□ **戦闘機** (せんとうき) 센토−키 전투기

□ **戦闘機パイロット** (せんとうきぱいろっと)
센토−키파이롣토 전투기비행사

□ **パトリオット** (ぱとりおっと) 파토리옫토 애국자

□ **社会主義者** (しゃかいしゅぎしゃ) 샤카이슈기샤 사회주의자

□ **共産主義者** (きょうさんしゅぎしゃ) 쿄−산슈기샤 공산주의자

□ **民主主義者** (みんしゅしゅぎしゃ) 민슈슈기샤 민주주의자

□ **独裁者** (どくさいしゃ) 도쿠사이샤 독재자

□ **独裁** (どくさい) 도쿠사이 독재

□ **旅行** (りょこう) 료코− 여행

□ **動き** (うごき) 우고키 움직임

□引越し (ひっこし) 힉코시 이사

□謝り (あやまり) 아야마리 사과

□賞賛 (しょうさん) 쇼-상 칭찬

□変化 (へんか) 헹카 변화

□修理 (しゅうり) 슈-리 수리, 수선

□治療 (ちりょう) 치료- 치료

□実行 (じっこう) 직코- 실행

□練習 (れんしゅう) 렌슈- 연습

□休暇 (きゅうか) 큐-카 휴가

□許可 (きょか) 쿄카 허가

□免許 (めんきょ) 멩쿄 면허

□別れ (わかれ) 와카레 이별, 작별

□紹介する (しょうかいする) 쇼-카이스루 소개하다

□ **置く** (おく) 오쿠 두다, 배치하다

□ **もらう** (もらう) 모라우 받다

□ **送る** (おくる) 오쿠루 보내다

□ **帰る** (かえる) 카에루 돌아가다, 돌아오다

□ **挿入** (そうにゅうする) 소-뉴-스루 삽입하다

□ **移す** (うつす) 우츠스 옮기다

□ **現れる** (あらわれる) 아라와레루 나타나다

□ **乗る** (のる) 노루 타다, 탑승하다

□ **投票する** (とうひょうする) 토-효-스루 투표하다

□ **消す** (けす) 케스 제거하다

□ **招く** (まねく) 마네쿠 초대하다, 초청하다

□ **守る** (まもる) 마모루 지키다, 막다

□ **借りる** (かりる) 카리루 빌리다

4 성격(性格)

□ **用心深い** (ようじんぶかい) 요–짐부카이 주의깊다, 조심성이 많다

□ **不注意だ** (ふちゅういだ) 후츄–이다 부주의하다

□ **おしゃべりだ** (おしゃべりだ) 오샤베리다 수다스럽다

□ **無礼だ** (ぶれいだ) 부레–다 버릇없다, 무례하다

□ **耐える** (たえる) 타에루 견디다, 참다

□ **冷たい** (つめたい) 츠메타이 차갑다, 냉정하다

□ **勤勉だ** (きんべんだ) 킴벤다 근면하다

□ **偏見がない** (へんけんがない) 헹켄가나이 편견이 없다

□ **嫉妬する** (しっとする)
신토스루 질투하다

□ **責任がある** (せきにんがある)
세키닝가아루 책임이 있다

□ **気まぐれな** (きまぐれな)
키마구레나 변덕스러운

□ **頑固だ**
(がんこだ) 강코다
완고하다,
고집이 세다

□ **好奇心がある**
(こうきしんがある)
코-키싱가아루 호기심 있다

□ **真剣だ** (しんけんだ)
싱켄다 진지하다

□ **真面目だ** (まじめだ)
마지메다 성실하다

□ **開放的な** (かいほうてきな)
카이호-테키나
사교적인, 개방적인

□ **憂鬱だ** (ゆううつだ)
유-우츠다 우울하다

□ **意地悪い** (いじわるい)
이지와루이 심술궂다

139

□ **穏やかだ** (おだやかだ) 오다야카다
온화하다, 평온하다

□ **賢い** (かしこい) 카시코이 현명하다, 슬기롭다

□ **正直だ** (しょうじきだ) 쇼-지키다 정직하다

□ **腰が低い** (こしがひくい) 코시가히쿠이 겸손하다

□ **丁寧だ** (ていねいだ) 테-네-다 예의바르다

□ **陽気だ** (ようきだ)
요-키다 명랑하다

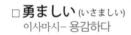

□ **勇ましい** (いさましい)
이사마시- 용감하다

□ **怠慢だ** (たいまんだ) 타이만다
게으르다, 나태하다

□ **退屈だ** (たいくつだ) 타이쿠츠다
지루하다, 따분하다

□ **愚かだ** (おろかだ) 오로카다 어리석다

□ **寛大だ** (かんだいだ)
칸타이다 관대하다

□ **繊細だ** (せんさいだ)
센사이다 섬세하다

□ **信用できる** (しんようできる)
싱요-데키루
신용할 수 있다

□ **利己的だ** (りこてきだ)
리코테키다 이기적이다

□ **積極的だ** (せっきょくてきだ)
섹쿄쿠테키다 적극적이다

□ **否定的だ** (ひていてきだ)
히테-테키다 부정적이다

□ **肯定的だ** (こうていてきだ)
코-테-테키다 긍정적이다

〈관련어〉

□ しがない (しがない) 시가나이 보잘것없다, 하찮다

□ 低位 (ていい) 테–이 낮은 위치, 낮은 지위

□ 謙虚な要求 (けんきょなようきゅう) 켕쿄나 요–큐– 겸허한 요구

□ 純粋だ (じゅんすいだ) 쥰스이다 순수하다

□ 簡素だ (かんそだ) 칸소다 간소하다

□ 率直だ (そっちょくだ) 솟쵸쿠다 솔직하다

□ 上品だ (じょうひんだ) 죠–힌다 품위가 있다, 고상하다

□ 優雅だ (ゆうがだ) 유–가다 우아하다, 기품있다

□ 単純だ (たんじゅんだ) 탄쥰다 단순하다

□ 鋭い (するどい) 스루도이 날카롭다

□ **鋭い気質** (するどいきしつ) 스루도이 키시츠 날카로운 기질

□ **鋭い叱責** (するどいしっせき) 스루도이 싯세키 날카로운 질책

□ **鈍感だ** (どんかんだ) 동칸다 둔하다

□ **上品だ** (じょうひんだ) 죠─힌다 고상하다

□ **簡潔だ** (かんけつだ) 캉케츠다 간결하다

□ **普通だ** (ふつうだ) 후츠─다 평범하다, 보통이다

□ **特別だ** (とくべつだ) 토쿠베츠다 특별하다

□ **特別な場合** (とくべつなばあい)
　 토쿠베츠나 바아이 특별한 경우

□ **堂々たる** (どうどうたる) 도─도─타루 당당한

□ **堂々たる態度** (どうどうたるたいど) 도─도─타루 타이도 당당한 태도

□ **腰が高い** (こしがたかい) 코시가타카이 거만하다

143

chapter 6 숫자(数字)

1 수(数)

□ *基数 (きすう) 키스- 기수

□ 一 (いち) 이치 일
□ 二 (に) 니 이
□ 三 (さん) 상 삼
□ 四 (し, よん) 시, 용 사
□ 五 (ご) 고 오
□ 六 (ろく) 로쿠 육
□ 七 (しち, なな) 시치, 나나 칠
□ 八 (はち) 하치 팔

□ **九** (く, きゅう) 쿠, 큐– 구
□ **十** (じゅう) 쥬– 십
□ **十一** (じゅういち)
쥬–이치 십일

□ **十二** (じゅうに) 쥬–니
십이
□ **十三** (じゅうさん) 쥬–상
십삼
□ **十四** (じゅうよん) 쥬–용
십사

□ **十五** (じゅうご) 쥬–고
십오
□ **十六** (じゅうろく) 쥬–로쿠
십육
□ **十七** (じゅうしち, じゅうなな)
쥬–시치, 쥬–나나 십칠
□ **十八** (じゅうはち) 쥬–하치 십팔

145

□ **十九** (じゅうきゅう) 쥬―큐― 십구
□ **二十** (にじゅう) 니쥬― 이십

□ **三十** (さんじゅう) 산쥬― 삼십
□ **四十** (よんじゅう) 욘쥬― 사십
□ **五十** (ごじゅう)) 고쥬― 오십
□ **六十** (ろくじゅう) 로쿠쥬― 육십
□ **七十** (ななじゅう) 나나쥬― 칠십
□ **八十** (はちじゅう) 하치쥬― 팔십

□ **九十** (きゅうじゅう) 큐―쥬― 구십
□ **百** (ひゃく) 햐쿠 백
□ **千** (せん) 셍 천
□ **百万** (ひゃくまん) 햐쿠망 백만
□ **十億** (じゅうおく) 쥬―오쿠 십억

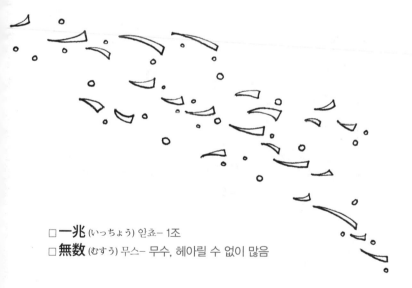

□ **一兆** (いっちょう) 잇쵸― 1조
□ **無数** (むすう) 무스― 무수, 헤아릴 수 없이 많음

☐ ***序数** (じょすう) 죠스ー 서수

☐ **一番目** (いちばんめ) 이치밤메 첫번째
☐ **二番目** (にばんめ) 니밤메 두번째
☐ **三番目** (さんばんめ) 삼밤메 세번째
☐ **四番目** (よんばんめ) 욤밤메 네번째(의)
☐ **五番目** (ごばんめ) 고밤메 다섯(번)째
☐ **六番目** (ろくばんめ) 로쿠밤메 여섯번째
☐ **七番目** (ななばんめ) 나나밤메 일곱번째
☐ **八番目** (はちばんめ) 하치밤메 여덟번째

☐ **九番目** (きゅうばんめ) 큐ー밤메 아홉번째
☐ **十番目** (じゅうばんめ) 쥬ー밤메 열번째

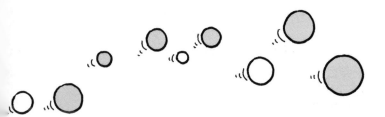

□ **十一番目** (じゅういちばんめ) 쥬-이치밤메 열한번째
□ **十二番目** (じゅうにばんめ) 쥬-니밤메 열두번째
□ **十三番目** (じゅうさんばんめ) 쥬-삼밤메 열세번째
□ **十四番目** (じゅうよんばんめ) 쥬-욤밤메 열네번째
□ **十五番目** (じゅうごばんめ) 쥬-고밤메 열다섯번째

□ **十六番目** (じゅうろくばんめ) 쥬-로쿠밤메 열여섯번째
□ **十七番目** (じゅうななばんめ) 쥬-나나밤메 열일곱번째
□ **十八番目** (じゅうはちばんめ) 쥬-하치밤메 열여덟번째
□ **十九番目** (じゅうきゅうばんめ) 쥬-큐-밤메 열아홉번째
□ **二十番目** (にじゅうばんめ) 니쥬-밤메 스무번째

□ **三十番目** (さんじゅうばんめ) 산쥬―밤메 서른번째
□ **四十番目** (よんじゅうばんめ) 욘쥬―밤메 마흔번째
□ **百番目** (ひゃくばんめ) 햐쿠밤메 백번째
□ **千番目** (せんばんめ) 셈밤메 천번째
□ **百万番目** (ひゃくまんばんめ) 햐쿠맘밤메 백만번째
□ **十億番目** (じゅうおくばんめ) 쥬―오쿠밤메 십억번째

□ **一回** (いっかい) 익카이 한 번
□ **二回** (にかい) 니카이 두 번
□ **三回** (さんかい) 상카이 세 번
□ **三倍** (さんばい) 삼바이 세 배
□ **足し算** (たしざん) 타시장 덧셈
□ **引き算** (ひきざん) 히키장 뺄셈
□ **掛け算** (かけざん) 카케장 곱셈

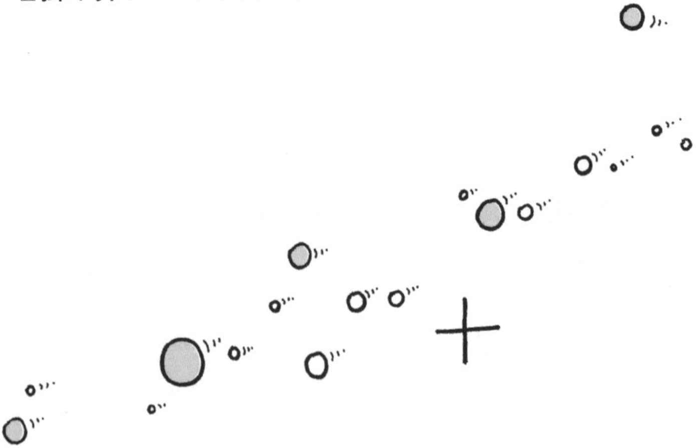

□ **割り算** (わりざん) 와리장 나눗셈
□ **側面** (そくめん) 소쿠멩 측면
□ **一直線** (いっちょくせん)
인쵸쿠셍 일직선

□ **角, 角度** (かく, かくど)
카쿠, 카쿠도 각, 각도
□ **形** (かたち) 카타치 모양, 형태
□ **円** (えん) 엥 원
□ **正方形** (せいほうけい)
세–호–케– 정사각형
□ **長方形** (ちょうほうけい)
쵸–호–케– 직사각형
□ **三角形** (さんかくけい)
상카쿠케– 삼각형

〈관련어〉

□ **時間** (じかん) 지캉 시간

□ **一時間** (いちじかん) 이치지캉 1시간

□ **〜時** (〜じ) 〜지 〜시

□ **〜分** (〜ふん、ぶん、ぷん) 〜훙, 붕, 풍 〜분

□ **〜秒** (〜びょう) 〜뵤– 〜초

□ **一週間** (いっしゅうかん) 잇슈–칸 일주일

□ **平日** (へいじつ) 헤–지츠 평일

□ **週末** (しゅうまつ) 슈–마츠 주말

□ **先週** (せんしゅう) 센슈– 지난 주

□ **今週** (こんしゅう) 콘슈– 이번주

□ **来週** (らいしゅう) 라이슈– 다음주

□ **ゼロ** (ぜろ) 제로 영(0)

□ **千万** (せんまん) 셈망 천만

□ **一億** (いちおく) 이치오쿠 1억

□ **奇数** (きすう) 키스– 홀수

□ **偶数** (ぐうすう) 구–스– 짝수

□ **最初** (さいしょ) 사이쇼 처음

□ **最後** (さいご) 사이고 마지막, 끝

□ **十五分** (じゅうごふん) 쥬-고훙 15분

□ **半** (はん) 항 반

□ **計算** (けいさん) 케-상 계산

□ **二倍** (にばい) 니바이 2배

□ **引く** (ひく) 히쿠 빼다, 감하다

□ **足す** (たす) 타스 더하다

□ **割る** (わる) 와루 나누다

□ **掛ける** (かける) 카케루 곱하다

□ **長円形** (ちょうえんけい) 쵸-엥케- 타원형

□ **菱形** (ひしがた) 히시가타 마름모

□ **平行四辺形** (へいこうしへんけい)
헤-코-시헹케- 평행사변형

□ **五角形** (ごかくけい) 고카쿠케- 오각형

□ **六角形** (ろっかくけい) 록카쿠케- 육각형

□ **正六面体** (せいろくめんたい) 세-로쿠멘타이 정육면체

□ **円筒** (えんとう) 엔토- 원통

□ **円錐** (えんすい) 엔스이 원뿔

□ **角錐** (かくすい) 카쿠스이 각뿔

□ **球(体)** (きゅう(たい)) 큐- (타이) 구(구체)

② 달(月)

□ **一月** (いちがつ) 이치가츠 1월

□ **二月** (にがつ) 니가츠 2월

□ **三月** (さんがつ) 상가츠 3월

□ **四月** (しがつ) 시가츠 4월

□ **五月** (ごがつ) 고가츠 5월

□ **六月** (ろくがつ) 로쿠가츠 6월

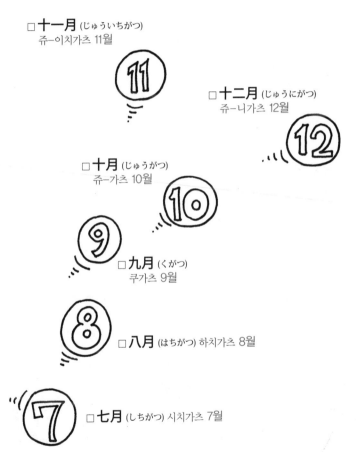

□ **十一月** (じゅういちがつ)
쥬-이치가츠 11월

□ **十二月** (じゅうにがつ)
쥬-니가츠 12월

□ **十月** (じゅうがつ)
쥬-가츠 10월

□ **九月** (くがつ)
쿠가츠 9월

□ **八月** (はちがつ) 하치가츠 8월

□ **七月** (しちがつ) 시치가츠 7월

〈관련어〉

□ **カレンダー** (かれんだー) 카렌다– 달력

□ **日曜日** (にちようび) 니치요–비 일요일

□ **月曜日** (げつようび) 게츠요–비 월요일

□ **火曜日** (かようび) 카요–비 화요일

□ **水曜日** (すいようび) 스이요–비 수요일

□ **木曜日** (もくようび) 모쿠요–비 목요일

□ **金曜日** (きんようび) 킹요–비 금요일

□ **土曜日** (どようび) 도요–비 토요일

□ **今週** (こんしゅう) 콘슈– 이번주

□ **今年** (ことし) 코토시 올해

□ **先週** (せんしゅう) 센슈– 지난주

□ **去年** (きょねん) 쿄넹 작년

□ **来週** (らいしゅう) 라이슈- 다음주

□ **来年** (らいねん) 라이넹 내년

□ **過去** (かこ) 카코 과거

□ **現在** (げんざい) 겐자이 현재

□ **未来** (みらい) 미라이 미래

□ **いつか** (いつか) 이츠카 언젠가

□ **ある日** (あるひ) 아루히 어느날

□ **毎年** (まいとし) 마이토시 매년

□ **半年** (はんとし) 한토시 반년

□ **月初め** (つきはじめ) 츠키하지메 월초

□ **月末** (げつまつ) 게츠마츠 월말

□ **時々** (ときどき) 토키도키 가끔

□ **一年中** (いちねんじゅう) 이치넨쥬- 1년 중, 1년 내내

③ 공휴일과 특별한 날 (祝日)

□ **誕生日** (たんじょうび) 탄죠-비 생일
□ **お正月** (おしょうがつ) 오쇼-가츠 정월, 설날
□ **お盆** (おぼん) 오봉 오봉, 추석
□ **クリスマス** (くりすます) 쿠리스마스 크리스마스, 성탄절
□ **バレンタインデー** (ばれんたいんでー)
　 바렌타인데- 발렌타인 데이
□ **還暦** (かんれき) 칸레키 환갑
□ **子供の日** (こどものひ) 코도모노히 어린이 날
□ **植樹祭** (しょくじゅさい) 쇼쿠쥬사이 식목일

□ **父の日, 母の日** (ちちのひ, ははのひ) 치치노히, 하하노히
아버지의 날, 어머니의 날 (어버이날)

□ **記念日** (きねんび) 키넴비 기념일

□ **元日** (がんじつ) 간지츠 원단, 설날

□ **独立運動の日** (どくりつうんどうのひ)
도쿠리츠운도-노히 독립운동일

□ **先生の日** (せんせいのひ) 센세-노히 스승의 날

□ **顕忠日** (けんちゅうび) 켄츄-비 현충일

□ **憲法記念日** (けんぽうきねんび) 켐포-키넴비 헌법 기념일

□ **建国記念の日** (けんこくきねんのひ) 켕코쿠키넨노히 건국 기념일

□ ハングルの日 (はんぐるのひ) 항구루노히 한글날
□ ハローイン (はろーいん) 하로−잉
　할로윈, 모든 성인의 날 전야 (10월 31일)
□ 生まれてから百日 (うまれてからひゃくにち)
　우마레테카라 햐쿠니치 백일(아이가 태어난지 백일째)

　　□ 初誕生日 (はつたんじょうび) 하츠탄죠−비 돌(돐)
　　□ 結婚記念日 (けっこんきねんび) 켁콘키넴비 결혼기념일
　　□ 引っ越し祝い (ひっこしいわい) 힉코시이와이 집들이파티

□ **びっくりパーティー** (びっくりぱーてぃー)
　빅쿠리파―티― 깜짝파티

□ **送別会** (そうべつかい) 소―베츠카이 송별회

□ **歓迎会** (かんげいかい) 캉게―카이 환영회

□ **忘年会** (ぼうねんかい) 보넹카이 송년회, 망년회

□ **復活祭** (ふっかつさい) 훅카츠사이 부활제, 부활절

□ **夏至** (げし) 게시 하지

□ **冬至** (とうじ) 토―지 동지

□ **陰暦** (いんれき) 인레키 음력

□ **陽暦** (ようれき) 요―레키 양력

□ **閏年** (うるうどし, じゅんねん) 우루―도시, 쥰넹 윤년

〈관련어〉

- **家族** (かぞく) 카조쿠 가족
- **両親** (りょうしん) 료–싱 양친
- **先祖** (せんぞ) 센조 조상, 선조
- **子孫** (しそん) 시송 자손

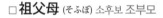

- **祖父母** (そふぼ) 소후보 조부모 
- **兄弟** (きょうだい) 쿄–다이 형제
- **姉妹** (しまい) 시마이 자매
- **親戚** (しんせき) 신세키 친척
- **従兄弟** (いとこ) 이토코 사촌
- **甥** (おい) 오이 조카

□ **姪** (めい) 메이 조카딸

□ **双子** (ふたご) 후타고 쌍둥이

□ **一人(独り)っ子** (ひとりっこ) 히토릭코 외동 아이

□ **長男** (ちょうなん) 쵸―낭 장자, 장남

□ **舅, 姑** (しゅうと, しゅうとめ) 슈―토, 슈―토메 장인, 장모

□ **メーデー** 메―데― 근로자의 날

□ **母の日** (ははのひ) 하하노히 어머니의 날

□ **感謝祭** (かんしゃさい) 칸샤사이 감사제, 추수감사절

□ **コロンブス・デー** (ころんぶす・でー)
   코롬부스・데― 콜럼버스 데이

□ **復員軍人の日** (ふくいんぐんじんのひ)
   후쿠잉군진노히 재향군인의 날

PART 2.

업무(業務)

1 탈것(乗り物)

□ **車** (くるま) 쿠루마 차, 자동차
□ **バス** (ばす) 바스 버스

□ **列車** (れっしゃ) 렛샤 열차, 기차
□ **地下鉄** (ちかてつ) 치카테츠 지하철
□ **急行列車** (きゅうこうれっしゃ) 큐—코—렛샤 급행열차
□ **直行列車** (ちょっこうれっしゃ) 쵹코—렛샤 직행열차
□ **貨物列車** (かもつれっしゃ) 카모츠렛샤 화물열차

□ **弾丸列車** (だんがんれっしゃ) 당간렛샤 초고속열차

□ **飛行機** (ひこうき)
히코—키 비행기

□ **二階バス** (にかいばす)
니카이바스 2층버스

□ **観光バス** (かんこうばす)
캉코-바스 관광버스

□ **スクーター**
(すくーたー)
스쿠-타- 스쿠터

□ **トラック** (とらっく)
토락쿠 트럭

□ **渡し船** (わたしぶね)
와타시부네 **나룻배**

□ **船** (ふね) 후네 **배**

□ **ヘリコプター** (へりこぷたー)
헤리코푸타- 헬리콥터

□ **キャンピングカー**
(きゃんぴんぐかー) 꺙핑구카ー
캠핑카

□ **ジープ** (じーぷ)
지ー푸 지프

□ **ヨット** (よっと)
욛토 요트

□ **自転車** (じてんしゃ)
지텐샤 자전거

□ **オートバイ** (おーとばい)
오ー토바이 오토바이

□ **コンバーチブル** (こんばーちぶる)
콤바ー치부루 컨버터블

□ **清掃車** (せいそうしゃ) 세ー소ー샤 청소차

〈관련어〉

□ **弾丸列車** (だんがんれっしゃ) 당간렛샤 고속열차

□ **緩行列車** (かんこうれっしゃ) 캉코-렛샤 완행열차

□ **旅客列車** (りょかくれっしゃ) 료카쿠렛샤 여객열차

□ **下り列車** (くだりれっしゃ) 쿠다리렛샤 하행열차

□ **上り列車** (のぼりれっしゃ) 노보리렛샤 상행열차

□ **タクシー** (たくしー) 타쿠시- 택시

□ **パトロールカー** (ぱとろーるかー)
　파토로-루카- 패트롤 카, 순찰차

□ **乗り場** (のりば) 노리바 승차장, 정류장

□ **移動** (いどう) 이도– 이동

□ **交通機関** (こうつうきかん) 코–츠–키캉 교통기관

□ **乗り換える** (のりかえる) 노리카에루 갈아타다, 환승하다

□ **禁止** (きんし) 킨시 금지

□ **速い** (はやい) 하야이 (속도가) 빠르다

□ **ゆっくり** (ゆっくり) 육쿠리 천천히

□ **着く** (つく) 츠쿠 도착하다

□ **漕ぐ** (こぐ) 코구 (배를)젓다

□ **上陸** (じょうりく) 죠–리쿠 상륙

② 도로(道路)

□ **鉄道** (てつどう) 테츠도– 철도
□ **鉄道の踏み切り** (てつどうのふみきり)
테츠도–노후미키리 철도 건널목

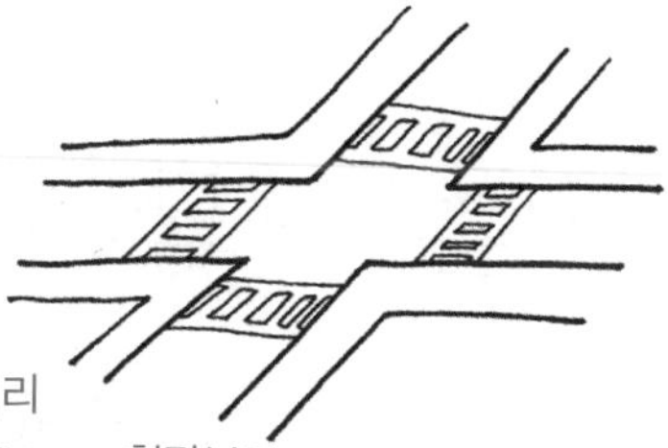

□ **交差点** (こうさてん)
코–사텡 교차로
□ **十字路** (じゅうじろ)
쥬–지로 십자로
□ **四つ角** (よつかど) 요츠카도 네거리
□ **横断歩道** (おうだんほどう) 오–단호도– 횡단보도
□ **歩道, 人道** (ほどう, じんどう) 호도–, 진도– 보도, 인도

□ **一方通路** (いっぽうつうろ)
입포–츠–로 일방통행로
□ **小道** (こみち) 코미치 골목, 옆길

□ **非舗装道路** (ひほそうどうろ) 히호소–도–로 비포장도로
□ **国道** (こくどう) 코쿠도– 국도
□ **大通り** (おおどおり) 오–도–리 큰길, 대로
□ **近道** (ちかみち) 치카미치 지름길, 최단로

□ **地下道** (ちかどう)
치카도– 지하도

□ **路地裏** (ろじうら)
로지우라 뒷골목

□ **高速道路** (こうそくどうろ)
코–소쿠도–로 고속도로

□ **ガードレール**
(がーどれーる) 가–도레–루
가드레일

□ **路肩** (ろかた) 로카타 갓길

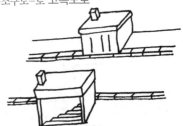

〈관련어〉

□ **信号灯** (しんごうとう) 싱고－토－ 신호등

□ **交通法律** (こうつうほうりつ) 코－츠－호－리츠 교통법규

□ **交通規則** (こうつうきそく) 코－츠－키소쿠 교통규칙

□ **交通違反** (こうつういはん) 코－츠－이항 교통위반

□ **交通量** (こうつうりょう) 코－츠－료－ 교통량

□ **交通渋滞** (こうつうじゅうたい) 코－츠－쥬－타이 교통체증

□ **料金所** (りょうきんじょ) 료－킨죠 요금소

□ **遠い** (とおい) 토－이 (거리가)멀다

□ **横切る** (よこぎる) 요코기루 가로지르다, 횡단하다

□ **渡る** (わたる) 와타루 건너다

□ **回り道** (まわりみち) 마와리미치 도는 길, 우회로

□ **方向** (ほうこう) 호ー코ー 방향

□ **危険** (きけん) 키켕 위험

□ **レッカー車** (れっかーしゃ) 렉카ー샤 견인차

□ **パンクタイヤ** (ぱんくたいや) 팡쿠타이야 펑크난 타이어

□ **空気入りタイヤ** (くうきいりたいや) 쿠ー키이리타이야
공기 타이어

□ **ガソリンスタンド** (がそりんすたんど) 가소린스탄도 주유소

❸ 부대시설 및 관련용어 (付帯施設)

□ **切符売場** (きっぷうりば)
킵푸우리바 매표소

□ **運賃** (うんちん) 운칭 운임
□ **前金** (まえきん) 마에킹 선불, 선금
□ **前売り券** (まえうりけん)
마에우리켕 예매권

□ **回転ドア** (かいてんどあ)
카이텐도아 회전문

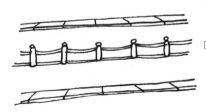

□ **中央分離帯**
(ちゅうおうぶんりたい)
츄-오-분리타이 중앙분리대

177

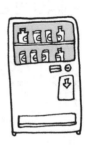

□ **自動販売機** (じどうはんばいき)
　지도-함바이키 자동판매기

□ **バス停** (ばすてい) 바스테- 버스정류장
□ **タクシー乗り場** (たくしーのりば)
　타쿠시-노리바 택시승차장
□ **駅** (えき) 에키 (철도, 전철)역

□ **駐車場** (ちゅうしゃじょう)
　츄-샤죠- 주차장

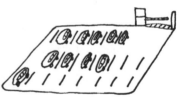

□ **ガソリンスタンド**
　(がそりんすたんど)
　가소린스탄도 주유소

□ **交通信号** (こうつうしんごう) 코–츠–싱고 교통신호

□ **運転免許** (うんてんめんきょ)
운템멩쿄 운전면허

□ **シートベルト** (しーとべると)
시–토베루토 안전벨트

□ **ハンドル**
(はんどる) 한도루
(자동차의)핸들

□ **乗客** (じょうきゃく)
죠–캬쿠 승객

□ **交通標識** (こうつうひょうしき)
코–츠–효–시키 교통표지

□**罰金** (ばっきん) 박킹 벌금

□**速度違反** (そくどいはん)
소쿠도이항 속도위반

□**制限速度** (せいげんそくど) 세-겐소쿠도 제한속도

□**歩行者** (ほこうしゃ)
호코-샤 보행자

□**交通渋滞** (こうつうじゅうたい) 코-츠-쥬-타이 교통체증

□**立ち入り禁止** (たちいりきんし)
타치이리킨시 출입금지

〈관련어〉

□ **警察署** (けいさつしょ) 케–사츠쇼 경찰서

□ **陸橋** (りっきょう) 릭쿄– 육교

□ **本通り** (ほんどおり) 혼도–리 중심가

□ **市街戦** (しがいせん) 시가이셍 시가전

□ **街の行商人** (まちのぎょうしょうにん) 마치노교–쇼–닝 거리 행상인

□ **ストリートバンド** (すとりーとばんど) 스토리–토반도 거리 밴드

□ **高層ビル** (こうそうびる) 코–소–비루 고층빌딩

□ **プラカード** (ぷらかーど) 푸라카–도 플래카드

□ **待合室** (まちあいしつ) 마치아이시츠 대합실

□ **検札係** (けんさつがかり) 켄사츠가카리 검표원

□ **片道乗車券** (かたみちじょうしゃけん)
  카타미치죠–샤켕 편도승차권

chapter 1 교통

□ **往復乗車券** (おうふくじょうしゃけん)
오-후쿠죠-샤켕 왕복승차권

□ **団体割引券** (だんたい わりびきけん)
단타이와리비키켕 단체 할인권

□ **定期券** (ていきけん) 테-키켕 정기권

□ **周遊券** (しゅうゆうけん) 슈-유-켕 관광, 할인승차권

□ **直行チケット** (ちょっこうちけっと) 촉코-치켇토 직행표

□ **定価** (ていか) 테-카 정가

□ **公共物** (こうきょうぶつ) 코-쿄- 부츠 공공물

□ **治安** (ちあん) 치앙 치안

□ **公文書** (こうぶんしょ) 코-분쇼 공문서

chapter 2 회사(会社)

1 사무실(事務所)

□ **受付係** (うけつけがかり) 우케츠케가카리 접수원
□ **公文書** (こうぶんしょ)
코-분쇼 공문서

□ **エレベーター** (えれべーたー)
에레베-타- 엘리베이터
□ **自動ドア** (じどうどあ)
지도-도아 자동문
□ **設備** (せつび) 세츠비 설비
□ **回転ドア** (かいてんどあ) 카이덴도아 회전문

□ **国民の祝祭日**
(こくみんのしゅくさいじつ)
코쿠민노 슈쿠사이지츠 국경일
□ **法定休日** (ほうていきゅうじつ)
호-테-큐-지츠 법정휴일
□ **有給休暇** (ゆうきゅうきゅうか)
유-큐-큐-카 유급휴가

□ 喫煙室 (きつえんしつ) 키츠엔시츠 흡연실

□ 禁煙区域 (きんえんくいき) 킹엥쿠이키 금연구역

□ 備品 (びひん) 비힝 비품

□ ファイルキャビネット (ふぁいるきゃびねっと) 화이루캬비넷토 파일 캐니닛, 서류정리함

□ 金庫 (きんこ) 킹코 금고

□ 引き出し (ひきだし) 히키다시 서랍

□ 回転椅子 (かいてんいす) 카이텐이스 회전의자

〈관련어〉

□ **紹介** (しょうかい) 쇼-카이 소개

□ **挨拶** (あいさつ) 아이사츠 인사

□ **大量生産** (たいりょうせいさん) 타이료-세-상 대량생산

□ **科学(工業)技術** (かがく(こうぎょう)ぎじゅつ) 카가쿠(코-교-)기쥬츠 (과학)공업기술

□ **労働** (ろうどう) 로-도- 노동

□ **支払い** (しはらい) 시하라이 지불

□ **利益** (りえき) 리에키 이익

□ **供給者** (きょうきゅうしゃ) 쿄-큐-샤 공급자

□ **卸売り業者** (おろしうりぎょうしゃ) 오로시우리교-샤 도매상인

□ **収入** (しゅうにゅう) 슈-뉴- 수입

□ **支出** (ししゅつ) 시슈츠 지출

□ **不景気** (ふけいき) 후케-키 불경기

□ **好景気** (こうけいき) 코-케-키 호경기, 호황

□ **消費** (しょうひ) 쇼-히 소비

□ **需要** (じゅよう) 쥬요- 수요

□ **供給** (きょうきゅう) 쿄-큐- 공급

□ **借金** (しゃっきん) 샥킹 빚

□ **株式** (かぶしき) 카부시키 주식

2 사무용품(事務用品)

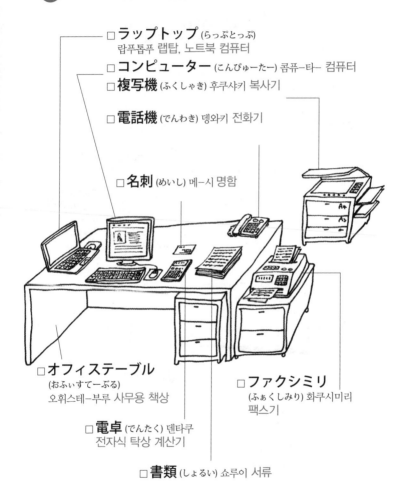

□ ラップトップ (らっぷとっぷ)
랍푸톱푸 랩탑, 노트북 컴퓨터

□ コンピューター (こんぴゅーたー) 콤퓨-타- 컴퓨터

□ 複写機 (ふくしゃき) 후쿠샤키 복사기

□ 電話機 (でんわき) 뎅와키 전화기

□ 名刺 (めいし) 메-시 명함

□ オフィステーブル
(おふぃすてーぶる)
오휘스테-부루 사무용 책상

□ ファクシミリ
(ふぁくしみり) 화쿠시미리
팩스기

□ 電卓 (でんたく) 덴타쿠
전자식 탁상 계산기

□ 書類 (しょるい) 쇼루이 서류

□ **携帯電話** (けいたいでんわ)
케-타이뎅와 휴대전화

□ **ステープらー**
(すてーぷらー)
스테-푸라- 스테이플러

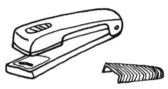

□ **ステープル** (すてーぷる)
스테-푸루 (스테이플러의) 철침

□ **マーカー** (まーかー)
마-카- 마커, 매직펜

□ **画鋲** (がびょう)
가뵤- 압핀

□ **クリップ**
(くりっぷ) 쿠립푸 클립

□ **文房具** (ぶんぼうぐ) 붐보-구 문방구

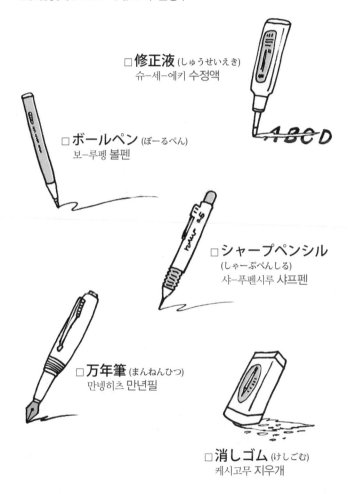

□ **修正液** (しゅうせいえき)
슈-세-에키 수정액

□ **ボールペン** (ぼーるぺん)
보-루펭 볼펜

□ **シャープペンシル**
(しゃーぷぺんしる)
샤-푸펜시루 샤프펜

□ **万年筆** (まんねんひつ)
만넹히츠 만년필

□ **消しゴム** (けしごむ)
케시고무 지우개

〈관련어〉

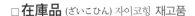

□ **在庫品** (ざいこひん) 자이코힝 재고품

□ **フォルダー** (ふぉるだー) 훠루다– 서류철

□ **行商人** (ぎょうしょうにん) 교–쇼–닝 행상인

□ **包装紙** (ほうそうし) 호–소–시 포장지

□ **仕切り** (しきり) 시키리 칸막이

□ **品物** (しなもの) 시나모노 물건, 상품

□ **日用雑貨** (にちようざっか)
니치요–작카 일용잡화

□ **消費財** (しょうひざい) 쇼–히자이 소비재

□ **卸売り** (おろしうり) 오로시우리 도매

□ **小売り** (こうり) 코우리 소매

□ **品質** (ひんしつ) 힌시츠 품질

□ **割り引き** (わりびき) 와리비키 할인

□ **価値** (かち) 카치 가치

□ **値段** (ねだん) 네당 가격, 값

□ **独占** (どくせん) 도쿠셍 독점

□ **専売** (せんばい) 셈바이 전매

□ **特価** (とっか) 톡카 특가

□ **領収証** (りょうしゅうしょう) 료-슈-쇼- 영수증

□ **お客** (おきゃく) 오캬쿠 손님

□ **商人** (しょうにん) 쇼-닝 상인

3 회의(会議)

□ **会議** (かいぎ) 카이기 회의
□ **会議室** (かいぎしつ) 카이기시츠 회의실
□ **議題** (ぎだい) 기다이 안건, 의제

□ **出席者** (しゅっせきしゃ) 슛세키샤 출석자
□ **参加者** (さんかしゃ) 상카샤 참가자
□ **懸案問題** (けんあんもんだい) 켕암몬다이 현안문제

□ **図表** (ずひょう) 즈효− 도표
□ **グラフ** (ぐらふ) 구라후 그래프

□ **交渉中** (こうしょうちゅう) 코−쇼−츄− 교섭중
□ **討論** (とうろん) 토−롱 토론
□ **交渉** (こうしょう) 코−쇼− 교섭
□ **契約** (けいやく) 케−야쿠 계약

□ **提案** (ていあん) 테−앙 제안
□ **結論** (けつろん) 케츠론 결론

□ **聴衆** (ちょうしゅう) 쵸−슈− 청중
□ **会議** (かいぎ) 카이기 회의
□ **朝会** (ちょうかい) 쵸−카이 조회

□ **会談** (かいだん) 카이당 회담
□ **集会** (しゅうかい) 슈―카이 집회
□ **取締役委員会** (とりしまりやくいいんかい)
　토리시마리야쿠 이잉카이 이사(중역,임원)회

〈관련어〉

□ **輸出** (ゆしゅつ) 유슈츠 수출

□ **(輸出)奨励金** ((ゆしゅつ)しょうれいきん)
　(유슈츠)쇼-레-킹 (수출)장려금

□ **貿易** (ぼうえき) 보-에키 무역

□ **単一手形** (たんいつてがた) 탄이츠테가타 단일어음

□ **関税** (かんぜい) 칸제- 관세

□ **注文** (ちゅうもん) 츄-몽 주문

□ **クレーム** (くれーむ) 쿠레-무 클레임

□ **費用** (ひよう) 히요- 비용

□ **為替レート** (かわせれーと) 카와세레-토 환율

□ **為替銀行** (かわせぎんこう)
카와세깅코– 외환은행

□ **相場** (そうば) 소–바 시세, 가격표

□ **証券取引所** (しょうけんとりひきじょ)
쇼–켄토리히키죠 증권 거래소

□ **オファー** (おふぁー) 오화– 오퍼, 제안

□ **手数料** (てすうりょう) 테스–료– 수수료

□ **貨物** (かもつ) 카모츠 화물

□ **売上** (うりあげ) 우리아게 매상

□ **密輸品** (みつゆひん) 미츠유힝 밀수품

□ **没収** (ぼっしゅう) 봇슈– 몰수

④ 회사(会社)

□ **面接** (めんせつ) 멘세츠 면접
□ **履歴書** (りれきしょ) 리레키쇼 이력서
□ **雇用** (こよう) 코요– 고용

□ **仕事** (しごと) 시고토 일, 노동

□ **給料** (きゅうりょう) 큐–료– 봉급
□ **ボーナス** (ぼーなす) 보–나스
　보너스, 상여금

□ **出勤** (しゅっきん) 슉킨 출근
□ **欠勤** (けっきん) 켁킨 결근
□ **昇進** (しょうしん) 쇼-싱 승진
□ **隠退** (いんたい) 인타이 은퇴

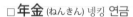

□ **年金** (ねんきん) 넹킹 연금
□ **年金受取人** (ねんきんうけとしにん)
넹킨우케토리 연금수령인

□ **辞職** (じしょく) 지쇼쿠 사직

□ **設立** (せつりつ) 세츠리츠 설립
□ **本社** (ほんしゃ) 혼샤 본사

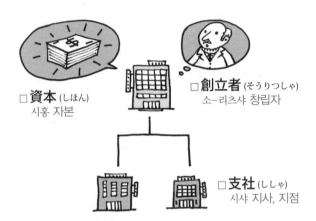

□ **資本** (しほん)
시홍 자본

□ **創立者** (そうりつしゃ)
소-리츠샤 창립자

□ **支社** (ししゃ)
시샤 지사, 지점

□ **休日** (きゅうじつ) 큐-지츠 휴일
□ **病気休暇** (びょうききゅうか) 뵤-키큐-카 병가휴일

□ **雇い主** (やといぬし)
야토이누시 고용주
□ **従業員** (じゅうぎょういん)
쥬-교-잉 종업원

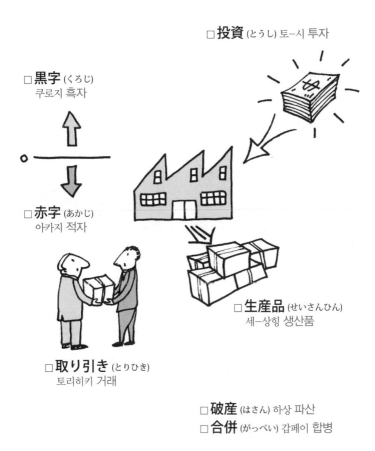

□ **経営** (けいえい) 케–에– 경영

□ **投資** (とうし) 토–시 투자

□ **黒字** (くろじ)
쿠로지 흑자

□ **赤字** (あかじ)
아카지 적자

□ **生産品** (せいさんひん)
세–상힝 생산품

□ **取り引き** (とりひき)
토리히키 거래

□ **破産** (はさん) 하상 파산
□ **合併** (がっぺい) 갑페이 합병

〈관련어〉

□ **農業** (のうぎょう) 노-교- 농업

□ **漁業** (ぎょぎょう) 교교- 어업

□ **釣り船** (つりぶね) 츠리부네 낚싯배

□ **養殖場** (ようしょくじょう) 요-쇼쿠죠- 양식장

□ **漁場** (ぎょじょう・りょうば) 교죠-・료-바 어장

□ **林業** (りんぎょう) 링교- 임업

□ **農場** (のうじょう) 노-죠- 농장

□ **養鶏場** (ようけいじょう) 요-케-죠- 양계장

□ **鉱業** (こうぎょう) 코-교- 광업

□ **収穫** (しゅうかく) 슈-카쿠 수확

□ **肥料** (ひりょう) 히료- 비료

□ **農作物** (のうさくぶつ) 노-사쿠부츠 농작물

□ **牧場** (ぼくじょう) 보쿠죠- 목장

□ **家畜** (かちく) 카치쿠 가축

□ **牧畜業** (ぼくちくぎょう) 보쿠치쿠교- 목축업

□ **種・種子** (たね・しゅし) 타네・슈시 씨, 종자

□ **果樹園** (かじゅえん) 카쥬엥 과수원

□ **工場** (こうじょう・こうば) 코-죠-・코-바 공장

□ **塩田** (えんでん) 엔뎅 염전

□ **育種** (いくしゅ) 이쿠슈 품종개량

□ **船積み** (ふなづみ) 후나즈미 선적

□ **出荷** (しゅっか) 슉카 출하

⑤ 지위(地位)

□ **最高経営者** (さいこうけいえいしゃ)
　　　사이코–케–에–샤 최고경영자
　　　(CEO)

□ **会長** (かいちょう)
　카이쵸– 회장

□ **社長** (しゃちょう)
　샤쵸– 사장

□ **専務理事** (せんむりじ)
　셈무리지 전무이사

□ **常務理事** (じょうむりじ)
　죠–무리지 상무이사

□ **管理者** (かんりしゃ)
　칸리샤 관리자

□ **重役** (じゅうやく)
　쥬–야쿠 중역, 임원

□ **副社長** (ふくしゃちょう)
　후쿠샤쵸– 부사장

□ **部長** (ぶちょう) 부쵸- 부장
□ **課長** (かちょう) 카쵸- 과장
□ **代理** (だいり) 다이리 대리

□ **助手** (じょしゅ) 죠슈 조수
□ **秘書** (ひしょ) 히쇼 비서

□ **同僚** (どうりょう) 도-료- 동료
□ **新入社員** (しんにゅうしゃいん)
신뉴-샤잉 신입사원

□ **上司** (じょうし) 죠-시 상사
□ **職員** (しょくいん) 쇼쿠잉 직원

〈관련어〉

□部下 (ぶか) 부카 부하

□働き蜂 (はたらきばち) 하타라키바치 일벌레

□社員 (しゃいん) 샤잉 사원

□事務長 (じむちょう) 지무쵸– 사무장

□失業 (しつぎょう) 시츠교– 실업, 실직

□減員 (げんいん) 겡잉 감원

□首を切る (くびをきる) 쿠비오키루 해고하다

□組織 (そしき) 소시키 조직

□構造 (こうぞう) 코–조– 구조

□ **体系** (たいけい) 타이케ー 체계

□ **職場** (しょくば) 쇼쿠바 직장

□ **労働組合** (ろうどうくみあい) 로ー도ー쿠미아이 노동조합

□ **給与** (きゅうよ) 큐ー요 급여

□ **業務用名刺** (ぎょうむようめいし)
교ー무요ー메ー시 업무용 명함

□ **就職** (しゅうしょく) 슈ー쇼쿠 취직

□ **退職** (たいしょく) 타이쇼쿠 퇴직

□ **給料が上がる** (きゅうりょうがあがる)
큐ー료ー가아가루 월급이 오르다

207

❻ 부서(部署)

□ **課** (か) 카 (회사의)과
□ **監査部** (かんさぶ) 칸사부 감사부

□ **企画部** (きかくぶ)
키카쿠부 기획부

□ **経理部** (けいりぶ)
케—리부 경리부

□ **総務部** (そうむぶ) 소−무부 총무부
□ **人事部** (じんじぶ) 진지부 인사부

□ **営業部** (えいぎょうぶ)
　에−교−부 영업부

□ **秘書室** (ひしょしつ)
　히쇼시츠 비서실

〈관련어〉

□ **会話** (かいわ) 카이와 회화, 대화
□ **ジェスチャー** (じぇすちゃー) 제스챠– 제스츄어, 몸짓
□ **寛容** (かんよう) 캉요– 관용
□ **議論** (ぎろん) 기롱 논의
□ **態度** (たいど) 타이도 태도

□ **謝り** (あやまり) 아야마리 사과
□ **語調** (ごちょう) 고쵸– 어조
□ **方言** (ほうげん) 호–겡 방언, 사투리
□ **関係** (かんけい) 캉케– 관계
□ **招待** (しょうたい) 쇼–타이 초대
□ **意見** (いけん) 이켕 의견, 견해

□ **取引** (とりひき) 토리히키 거래

□ **協力者** (きょうりょくしゃ) 쿄－료쿠샤 협력자

□ **話題** (わだい) 와다이 화제

□ **情報** (じょうほう) 죠－호－ 정보

□ **権利** (けんり) 켄리 권리

□ **義務** (ぎむ) 기무 의무

□ **責任** (せきにん) 세키닝 책임

□ **協力** (きょうりょく) 쿄－료쿠 협력

□ **多数の意見** (たすうのいけん) 타스－노이켕 다수의견

chapter 3 직업(職業)

□ **判事** (はんじ) 한지 판사
□ **検事** (けんじ) 켄지 검사
□ **弁護士** (べんごし) 벵고시 변호사

□ **教授** (きょうじゅ) 쿄-쥬 교수
□ **教師** (きょうし) 쿄-시 교사

□ **軍人** (ぐんじん) 궁징 군인

□ **歌手** (かしゅ) 카슈 가수

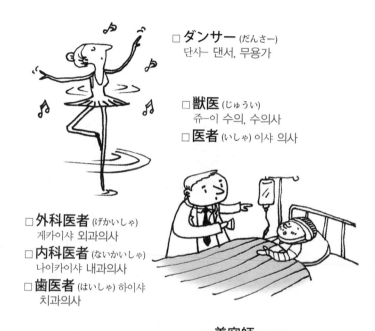

□ **ダンサー** (だんさー)
단사ー 댄서, 무용가

□ **獣医** (じゅうい)
쥬ー이 수의, 수의사

□ **医者** (いしゃ) 이샤 의사

□ **外科医者** (げかいしゃ)
게카이샤 외과의사

□ **内科医者** (ないかいしゃ)
나이카이샤 내과의사

□ **歯医者** (はいしゃ) 하이샤
치과의사

□ **美容師** (びようし)
비요ー시 미용사

□ **床屋** (とこや) 토코야
이발소, 이발사

□ **看護婦** (かんごふ)
캉고후 간호사

□ **薬剤師** (やくざいし)
야쿠자이시 약사

213

□ コック (こっく) 콕쿠 요리사

□ パティシエ (ぱてぃしぇ) 파티세
파티쉐, 제빵사

□ タクシードライバー
(たくしーどらいばー)
타쿠시-도라이바-
택시 기사

□ 作家 (さっか) 삭카 작가

□ 小説家 (しょうせつか)
쇼-세츠카 소설가

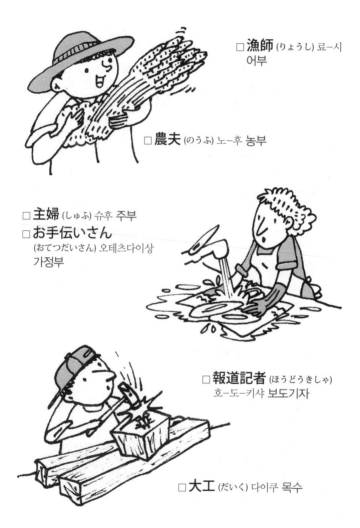

□ **漁師** (りょうし) 료ー시
어부

□ **農夫** (のうふ) 노ー후 농부

□ **主婦** (しゅふ) 슈후 주부
□ **お手伝いさん**
(おてつだいさん) 오테츠다이상
가정부

□ **報道記者** (ほうどうきしゃ)
호ー도ー키샤 보도기자

□ **大工** (だいく) 다이쿠 목수

□ **物理学者** (ぶつりがくしゃ)
부츠리가쿠샤 물리학자

□ **科学者** (かがくしゃ)
카가쿠샤 과학자

□ **化学者** (かがくしゃ)
카가쿠샤 화학자

□ **宇宙飛行士** (うちゅうひこうし)
우츄-히코-시 우주비행사

□ **大統領** (だいとうりょう)
다이토-료- 대통령

□ **清掃作業員** (せいそうさぎょういん)
세-소-사교-잉 청소원

□ **公務員** (こうむいん)
코-무잉 공무원

□ **消防士** (しょうぼうし)
쇼-보-시 소방관

□ **警察官** (けいさつかん)
케-사츠캉 경찰관

□ **パイロット**
(ぱいろっと)
파이롯토 조종사

□ **スチュワーデス**
(すちゅわーです) 스츄와ー데스
스튜어디스(여승무원)

□ **スチュワード**
(すちゅわーど) 스츄와ー도
스튜어드(남자승무원)

□ **指揮者** (しきしゃ)
시키샤 지휘자

□ **音楽家** (おんがくか)
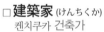
옹가쿠카 음악가

□ **建築家** (けんちくか)
켄치쿠카 건축가

□ **実業家** (じつぎょうか)
지츠교ー카 실업가

□ **使者** (ししゃ)
시샤 심부름하는 사람

□ **画家** (がか) 가카 화가

□ **作曲家** (さっきょくか)
삭쿄쿠카 작곡가

□ **男優** (だんゆう) 당유— 남자배우
□ **女優** (じょゆう) 죠유— 여자배우

□ **監督** (かんとく)
칸토쿠 감독

□ **会計士** (かいけいし)
카이케—시 회계사

□ **通訳者** (つうやくしゃ)
츠—야쿠샤 통역가

□ **聖職者** (せいしょくしゃ)
세—쇼쿠샤 성직자

□翻訳者 (ほんやくしゃ)
홍야쿠샤 번역가

□コメディアン (こめでぃあん)
코메디앙 코미디언, 희극배우

□アナウンサー (あなうんさー)
아나운사– 아나운서

□エンジニア (えんじにあ)
엔지니아 엔지니어, 기사

□デザイナー (でざいなー)
데자이나– 디자이너

□外交官 (がいこうかん)
가이코–캉 외교관

□探偵 (たんてい) 탄테– 탐정

〈관련어〉

□ **銀行家** (ぎんこうか) 깅코–카 은행가

□ **会社員** (かいしゃいん) 카이샤잉 회사원

□ **中隊長** (ちゅうたいちょう) 츄–타이쵸– 중대장

□ **先任下士官** (せんにんかしかん) 센닝카시캉 선임하사

□ **先任上司** (せんにんじょうし) 센닝죠–시 선임상사

□ **下士官** (かしかん) 카시캉 하사관

□ **少佐** (しょうさ) 쇼–사 소령

□ **中佐** (ちゅうさ) 츄–사 중령

□ **大佐** (たいさ) 타이사 대령

□ **少尉** (しょうい) 쇼–이 소위

□ **中尉** (ちゅうい) 츄–이 중위

□ **当直将校** (とうちょくしょうこう) 토–쵸쿠쇼–코– 당직장교

□ **大尉** (たいい) 타이– 대위

□ **政府高官** (せいふこうかん) 세–후코–캉 정부 고관

□ **公職** (こうしょく) 코–쇼쿠 공직

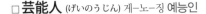

□ **芸能人** (げいのうじん) 게ー노ー징 예능인

□ **労働者** (ろうどうしゃ) 로ー도ー샤 노동자

□ **運動家** (うんどうか) 운도ー카 운동가

□ **シェフ** (しぇふ) 셰후 셰프, 주방장

□ **著者** (ちょしゃ) 쵸샤 저자

□ **ジャーナリスト** (じゃーなりすと)
　 쟈ー나리스토 저널리스트

□ **編集者** (へんしゅうしゃ) 헨슈ー샤 편집자

□ **画家** (がか) 가카 화가

□ **彫刻家** (ちょうこくか) 쵸ー코쿠카 조각가

□ **ベビーシッター** (べびーしったー) 베비-싣타- 베이비시터

□ **手足治療医** (てあしちりょうい) 테아시치료-이 손발치료의

□ **自作農** (じさくのう) 지사쿠노- 자작농

□ **農場経営者** (のうじょうけいえいしゃ)
　노-죠-케-에-샤 농장 경영자

□ **酪農業** (らくのうぎょう) 라쿠노-교- 낙농업

□ **漢方医** (かんぽうい) 캄포-이 한의사

chapter 4

학교(学校)

1 조직(組織)

□ **幼稚園** (ようちえん)
요-치엥 유치원
□ **小学校** (しょうがっこう)
쇼-각코- 초등학교

□ **中学校** (ちゅうがっこう)
츄-각코- 중학교
□ **高等学校** (こうとうがっこう)
코-토-각코- 고등학교

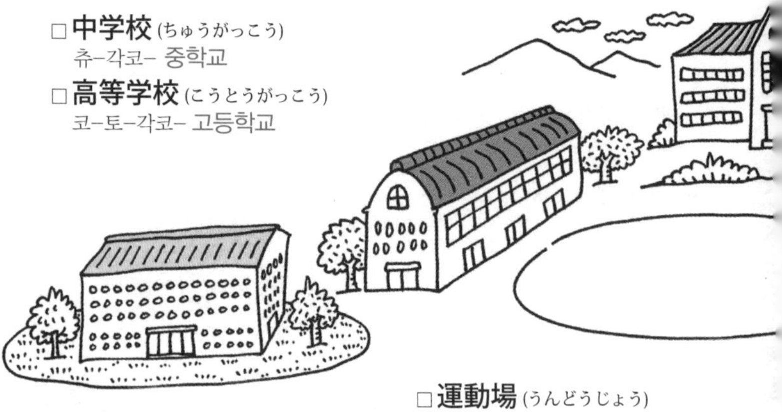

□ **運動場** (うんどうじょう)
운도-죠- 운동장

□ **講堂** (こうどう) 코-도- 강당
□ **保健室** (ほけんしつ)
호켄시츠 양호실, 보건실

□ **体育館** (たいいくかん)
타이-쿠칸 체육관

□ **学校食堂** (がっこうしょくどう)
각코-쇼쿠도- 학교식당

□ **単科大学** (たんかだいがく) 탕카다이가쿠 단과대학
□ **総合大学** (そうごうだいがく) 소-고-다이가쿠 종합대학
□ **大学院** (だいがくいん) 다이가쿠잉 대학원

□ **寮** (りょう) 료- 기숙사

□ **図書館** (としょかん)
토쇼캉 도서관
□ **休憩室** (きゅうけいしつ)
큐-케-시츠 휴게실

□ **講義室** (こうぎしつ)
코-기시츠 강의실

□ **教職員室** (きょうしょくいんしつ) 쿄-쇼쿠인시츠 교직원실
□ **実験室** (じっけんしつ) 직켄시츠 실험실

225

〈관련어〉

□ **幼稚園** (ようちえん) 요-치엥 유치원

□ **中学校** (ちゅうがっこう) 쥬-각코- 중학교

□ **高校** (こうこう) 코-코- 고등학교

□ **入試試験** (にゅうししけん) 뉴-시시켕 입학시험

□ **詰め込み教育** (つめこみきょういく)
　　츠메코미쿄-이쿠 주입식 교육

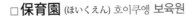

□ **保育園** (ほいくえん) 호이쿠엥 보육원

□ **塾** (じゅく) 쥬쿠 (사설)학원

□ **生涯教育** (しょうがいきょういく)
　　쇼-가이쿄-이쿠 평생교육

□ **社会福祉** (しゃかいふくし) 샤카이후쿠시 사회복지

□ **人文科学** (じんぶんかがく) 짐붕카가쿠 인문과학

□ **医学部** (いがくぶ) 이가쿠부 의학부

□ **法学部** (ほうがくぶ) 호-가쿠부 법학부

□ **語学学校** (ごがくがっこう) 고가쿠각코- 어학원

□ **語学翻訳機** (ごがくほんやくき)
 고가쿠홍야쿠키 어학번역기

□ **ランゲージラボラトリー** (らんげーじらぼらとりー)
 랑게-지 라보라토리- 어학실습실

□ **化学実験室** (かがくじっけんしつ)
 카가쿠직켄시츠 화학실험실

□ **学生活動** (がくせいかつどう)
 가쿠세-카츠도- 학생활동

□ **大学生活** (だいがくせいかつ) 다이가쿠세-카츠 대학생활

□ **教育大学** (きょういくだいがく)
 쿄-이쿠다이가쿠 교육대학

② 교실(教室)

□ **教育** (きょういく)
코-이쿠 교육

□ **クラス** (くらす) 쿠라스
클래스, 학급

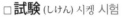
□ **学年** (がくねん) 가쿠넹 학년

□ **試験** (しけん) 시켕 시험

□ **期末レポート** (きまつれぽーと)
키마츠레포-토 기말 레포트

□ **宿題** (しゅくだい)
슈쿠다이 숙제

□ **奨学金** (しょうがくきん)
쇼-가쿠킹 장학금

□ **成績表** (せいせきひょう)
세-세키효- 성적표

□ **成績証明書** (せいせきしょうめいしょ)
세-세키쇼-메-쇼 성적증명서

□ **授業料** (じゅぎょうりょう) 쥬교-료- 수업료
□ **卒業証書** (そつぎょうしょうしょ) 소츠교-쇼-쇼 졸업증서

□ **授業** (じゅぎょう) 쥬교- 수업
□ **カリキュラム** (かりきゅらむ)
카리큐라무 커리큘럼, 교육과정

□ **学期** (がっき) 각키 학기

□ **参考書籍**
(さんこうしょせき)
상코-쇼세키 참고서적

□ **教科書** (きょうかしょ) 쿄-카쇼 교과서
□ **専攻科目** (せんこうかもく) 셍코-카모쿠 전공과목
□ **学位** (がくい) 가쿠이 학위

□ **単位** (たんい) 탕이 단위, 학점
□ **卒業記念アルバム** (そつぎょうきねんあるばむ)
소츠교-키넹 아루바무 졸업기념앨범

〈관련어〉

□ **授業** (じゅぎょう) 쥬교– 수업

□ **校具** (こうぐ) 코–구 교구

□ **教授法** (きょうじゅほう) 쿄–쥬호– 교수법

□ **複数専攻** (ふくすうせんこう) 후쿠스–셍코– 복수전공

□ **重要な問題** (じゅうようなもんだい)
쥬–요–나 몬다이 중요한 문제

□ **個人指導** (こじんしどう) 코진시도– 개인지도

□ **中途退学者** (ちゅうとたいがくしゃ)
츄–토타이가쿠샤 중퇴자

□ **発見** (はっけん) 학켕 발견

□ **発明** (はつめい) 하츠메– 발명

□ **研究** (けんきゅう) 켕큐– 연구

□ **調査** (ちょうさ) 쵸–사 조사

- □ **努力** (どりょく) 도료쿠 노력
- □ **天才** (てんさい) 텐사이 천재
- □ **才能** (さいのう) 사이노– 재능
- □ **知識** (ちしき) 치시키 지식
- □ **科学的な議論** (かがくてきなぎろん) 카가쿠테키나 기롱 과학적 논의
- □ **目的** (もくてき) 모쿠테키 목적
- □ **能力** (のうりょく) 노–료쿠 능력

- □ **辞書** (じしょ) 지쇼 사전
- □ **発達** (はったつ) 핱타쯔 발달
- □ **開発** (かいはつ) 카이하츠 개발
- □ **観察** (かんさつ) 칸사츠 관찰
- □ **理解** (りかい) 리카이 이해

3 학과목(科目)

□ **選択科目** (せんたくかもく)
센타쿠카모쿠 선택과목

□ **教養科目** (きょうようかもく)
쿄-요-카모쿠 교양과목

□ **必須科目** (ひっすかもく)
힛스카모쿠 필수과목

□ **韓国語** (かんこくご)
캉코쿠고 한국어

□ **言語学** (げんごがく)
겡고가쿠 언어학

□ **数学** (すうがく) 스-가쿠 수학

□ **代数学** (だいすうがく)
다이스-가쿠 대수학

□ **歴史** (れきし) 레키시 역사

□ **科学** (かがく) 카가쿠 과학

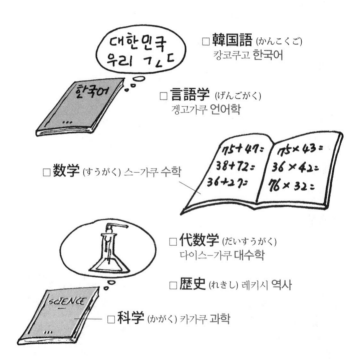

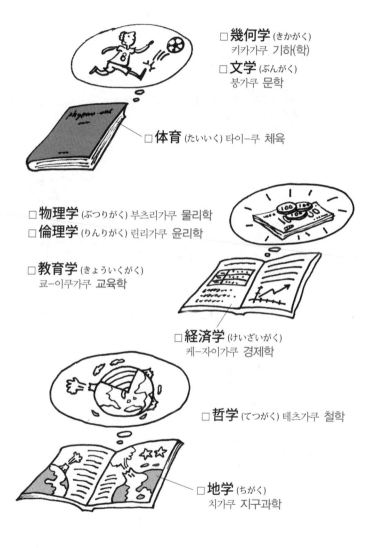

□ **幾何学** (きかがく)
키카가쿠 기하(학)

□ **文学** (ぶんがく)
붕가쿠 문학

□ **体育** (たいいく) 타이–쿠 체육

□ **物理学** (ぶつりがく) 부츠리가쿠 물리학

□ **倫理学** (りんりがく) 린리가쿠 윤리학

□ **教育学** (きょういくがく)
쿄–이쿠가쿠 교육학

□ **経済学** (けいざいがく)
케–자이가쿠 경제학

□ **哲学** (てつがく) 테츠가쿠 철학

□ **地学** (ちがく)
치가쿠 지구과학

□ **化学** (かがく) 카가쿠 화학

□ **植物学** (しょくぶつがく)
쇼쿠부츠가쿠 식물학

□ **英文学** (えいぶんがく)
에-붕가쿠 영문학

□ **生物学** (せいぶつがく)
세-부츠가쿠 생물학
□ **生態学** (せいたいがく)
세-타이가쿠 생태학

□ **生理学** (せいりがく)
세-리가쿠 생리학
□ **社会学** (しゃかいがく)
샤카이가쿠 사회학
□ **神学** (しんがく) 싱가쿠 신학

□ **人類学** (じんるいがく) 진루이가쿠 인류학

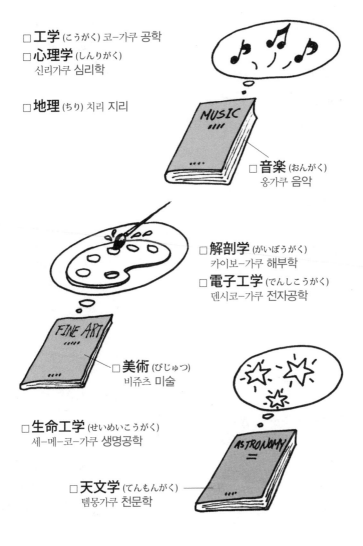

□ **工学** (こうがく) 코-가쿠 공학

□ **心理学** (しんりがく) 신리가쿠 심리학

□ **地理** (ちり) 치리 지리

□ **音楽** (おんがく) 옹가쿠 음악

□ **解剖学** (がいぼうがく) 카이보-가쿠 해부학

□ **電子工学** (でんしこうがく) 덴시코-가쿠 전자공학

□ **美術** (びじゅつ) 비쥬츠 미술

□ **生命工学** (せいめいこうがく) 세-메-코-가쿠 생명공학

□ **天文学** (てんもんがく) 템몽가쿠 천문학

〈관련어〉

□ **漢字** (かんじ) 칸지 한자
□ **経営学** (けいえいがく) 케-에-가쿠 경영학
□ **遺伝学** (いでんがく) 이뎅가쿠 유전학

□ **主治医** (しゅじい) 슈지이 주치의
□ **医術** (いじゅつ) 이쥬츠 의술

□ **考古学** (こうこがく) 코-코가쿠 고고학
□ **文化** (ぶんか) 붕카 문화
□ **文明** (ぶんめい) 붐메- 문명

□ **石炭** (せきたん) 세키탕 석탄

□ **固体** (こたい) 코타이 고체

□ **気体** (きたい) 키타이 기체

□ **蒸気** (じょうき) 죠-키 증기

□ **液体** (えきたい) 에키타이 액체

□ **ガソリン** (がそりん) 가소링 휘발유, 가솔린

□ **金属** (きんぞく) 킨조쿠 금속

□ **鉛** (なまり) 나마리 납

□ **合金** (ごうきん) 고-킹 합금

□ **鋼鉄** (こうてつ) 코-테츠 강철

□ **鉄** (てつ) 테츠 철

□ **青銅** (せいどう) 세−도− 청동

□ **合成** (ごうせい) 고−세− 합성

□ **電気** (でんき) 뎅키 전기

□ **存在** (そんざい) 손자이 존재

□ **原子** (げんし) 겐시 원자

□ **分子** (ぶんし) 분시 분자

□ **水素** (すいそ) 스이소 수소

□ **炭素** (たんそ) 탄소 탄소
□ **酸素** (さんそ) 산소 산소
□ **繊維** (せんい) 셍이 섬유
□ **綿** (わた) 와타 면, 목화

□ **絹** (きぬ) 키누 비단
□ **人絹** (じんけん) 징켕 인조견
□ **麻** (あさ) 아사 삼

4 문구(文房具)

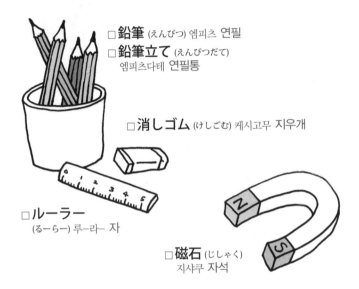

□ **鉛筆** (えんぴつ) 엠피츠 연필
□ **鉛筆立て** (えんぴつだて)
엠피츠다테 연필통

□ **消しゴム** (けしごむ) 케시고무 지우개

□ **ルーラー**
(るーらー) 루ー라ー 자

□ **磁石** (じしゃく)
지샤쿠 자석

□ **掲示板** (けいじばん) 케ー지반 게시판
□ **地球儀** (ちきゅうぎ) 치큐ー기 지구본

□ **グルー** (ぐるー) 구루ー 풀

□ **地図** (ちず) 치즈 지도
□ **地図帳** (ちずちょう) 치즈쵸ー 지도책

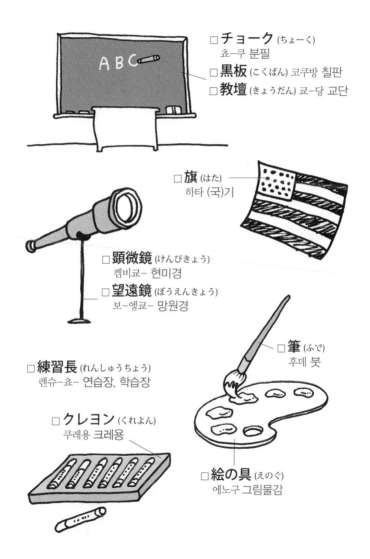

□ **チョーク** (ちょーく)
쵸-쿠 분필

□ **黒板** (こくばん) 코쿠방 칠판

□ **教壇** (きょうだん) 쿄-당 교단

□ **旗** (はた)
하타 (국)기

□ **顕微鏡** (けんびきょう)
켐비쿄- 현미경

□ **望遠鏡** (ぼうえんきょう)
보-엥쿄- 망원경

□ **筆** (ふで)
후데 붓

□ **練習長** (れんしゅうちょう)
렌슈-쵸- 연습장, 학습장

□ **クレヨン** (くれよん)
쿠레용 크레용

□ **絵の具** (えのぐ)
에노구 그림물감

241

〈관련어〉

□ **修正液** (しゅうせいえき) 슈-세-에키 수정액
□ **整理箱** (せいりばこ) 세-리바코 정리상자
□ **インク** (いんく) 잉쿠 잉크
□ **鋏** (はさみ) 하사미 가위

□ **ゴムバンド** (ごむばんど) 고무반도 고무밴드
□ **ゴムのり** (ごむのり) 고무노리 고무풀(접착제)
□ **ペーパークリップ** (ぺーぱーくりっぷ)
　　페-파-쿠립푸 페이퍼 클립
□ **墨** (すみ) 스미 먹
□ **ポストイット** (ぽすといっと) 포스토잇토 포스트잇(Post-it)

□ **コンパス** (こんぱす) 콤파스 (제도용)컴퍼스

□ **スタンプ** (すたんぷ) 스탐푸 스탬프

□ **算盤** (そろばん) 소로방 주판

□ **ファイル** (ふぁいる) 화이루 파일, 서류철

□ **パッド** (ぱっど) 팓도 패드(pad)

□ **さいころ** (さいころ) 사이코로 주사위

□ **学用品** (がくようひん) 가쿠요-힝 학용품

□ **学生帽** (がくせいぼう) 가쿠세-보- 학생모

□ **鉄帽** (てつぼう) 테츠보- 철모

□ **ハンチング** (はんちんぐ) 한칭구 헌팅(캡), 사냥모자

⑤ 행사(行事)

☐ **入学式** (にゅうがくしき) 뉴ー가쿠시키 입학식
☐ **卒業式** (そつぎょうしき) 소츠교ー시키 졸업식

☐ **運動会** (うんどうかい) 운도ー카이 운동회
☐ **文化祭** (ぶんかさい) 붕카사이 문화제, 교내축제

☐ **同窓会** (どうそうかい) 도ー소ー카이 동창회

□ **開校記念日** (かいこうきねんび)
카이코―키넴비 개교기념일

□ **修学旅行** (しゅうがくりょこう) 슈―가쿠료코― 수학여행
□ **遠足** (えんそく) 엔소쿠 소풍

□ **入学試験** (にゅうがくしけん) 뉴―가쿠시켕 입학시험
□ **中間テスト** (ちゅうかんてすと) 츄―칸테스토 중간시험
□ **期末テスト** (きまつてすと) 키마츠테스토 기말시험

□ **先生の日** (せんせいのひ) 센세―노히 스승의 날

245

〈관련어〉

□ **同窓会** (どうそうかい) 도−소−카이 동창회

□ **開校記念日** (かいこうきねんび)
카이코−키넴비 개교기념일

□ **春休み** (はるやすみ) 하루야스미 봄방학

□ **夏休み** (なつやすみ) 나츠야스미 여름방학

□ **冬休み** (ふゆやすみ) 후유야스미 겨울방학

□ **入学する** (にゅうがくする) 뉴ー가쿠스루 입학하다

□ **経営する** (けいえいする) 케ー에ー스루 경영하다

□ **卒業する** (そつぎょうする) 소츠교ー스루 졸업하다

⑥ 교직원(教職員)

□ **教師** (きょうし) 쿄-시 교사

□ **教授** (きょうじゅ) 쿄-쥬 교수

□ **正教授** (せいきょうじゅ) 세-쿄-쥬 정교수

□ **副教授** (ふくきょじゅ) 후쿠-쿄-쥬 부교수

□ **助教授** (じょきょじゅ) 죠쿄-쥬 조교수

□ **講師** (こうし) 코-시 강사
□ **講演者** (こうえんしゃ) 코-엔샤 강연자

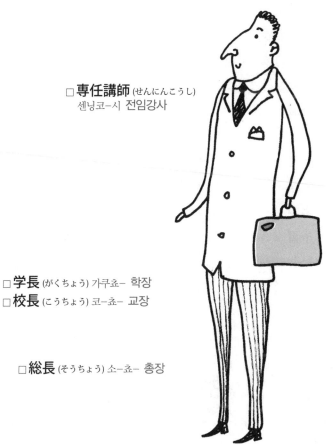

□ **専任講師** (せんにんこうし)
센닝코-시 전임강사

□ **学長** (がくちょう) 가쿠쵸- 학장
□ **校長** (こうちょう) 코-쵸- 교장

□ **総長** (そうちょう) 소-쵸- 총장

249

〈관련어〉

□ **学者** (がくしゃ) 가쿠샤 학자

□ **担任先生** (たんにんせんせい) 탄닌센세– 담임선생님

□ **教授経験** (きょうじゅけいけん) 쿄–쥬케–켕 교수경험

□ **学生助教** (がくせいじょきょう) 각세–죠쿄– 학생조교

□ **学級委員** (がっきゅういいん) 각큐–이잉 반장

□ **教職** (きょうしょく) 쿄–쇼쿠 교직

□ **出席** (しゅっせき) 슛세키 출석

□ **欠席** (けっせき) 켓세키 결석

□ **宿題** (しゅくだい) 슈쿠다이 숙제

□ **予習** (よしゅう) 요슈– 예습

□ **復習** (ふくしゅう) 후쿠슈– 복습

□ **クイズ** (くいず) 쿠이즈 퀴즈

□ **学力試験** (がくりょくしけん) 가쿠료쿠시켕 학력시험

□ **試験** (しけん) 시켕 시험

□ **能力試験** (のうりょくしけん) 노—료쿠시켕 능력시험

□ **口頭試験** (こうとうしけん) 코—토—시켕 구두시험

□ **筆記試験** (ひっきしけん) 힉키시켕 필기시험

□ **問題紙** (もんだいし) 몬다이시 (시험)문제시

□ **分析** (ぶんせき) 분세키 분석

□ **講義** (こうぎ) 코—기 강의

□ **論題** (ろんだい) 론다이 논제

□ **クラブ活動** (くらぶかつどう) 쿠라부카츠도— 클럽활동

□ **校内活動** (こうないかつどう) 코—나이카츠도— 교내활동

□ **社会慣習** (しゃかいかんしゅう) 샤카이칸슈— 사회관습

7 학생(学生)

□ **学生** (がくせい) 가쿠세– 학생

□ **小学生** (しょうがくせい)
쇼–가쿠세– 초등학생

□ **中学生** (ちゅうがくせい)
츄–가쿠세– 중학생

□ **大学一年生**
(だいがくいちねんせい)
다이가쿠 이치넨세– 대학 1년생

□ **大学二年生** (だいがくにねんせい)
다이가쿠 니넨세– 대학 2년생

□ **大学三年生**
(だいがくさんねんせい)
다이가쿠 산넨세– 대학 3년생

□ **大学四年生**
(だいがくよねんせい)
다이가쿠 요넨세– 대학 4년생

□ **卒業者** (そつぎょうしゃ) 소츠교–샤 졸업자

□ **大学院生** (だいがくいんせい)
다이가쿠인세– 대학원생

□ **学士** (がくし) 가쿠시 학사
□ **修士** (しゅうし) 슈-시 석사
□ **博士** (はくし・はかせ) 하쿠시・하카세 박사

□ **同級生** (どうきゅうせい)
도-큐-세- 동급생

□ **同窓生**
(どうそうせい)
도-소-세- 동창생

〈관련어〉

□ **がき大将** (がきだいしょう) 가키다이쇼– 골목대장

□ **歓迎** (かんげい) 캉게– 환영

□ **友達** (ともだち) 토모다치 친구

□ **同僚** (どうりょう) 도–료– 동료

□ **競争者** (きょうそうしゃ) 쿄–소–샤 경쟁자

□ **同僚意識** (どうりょういしき) 도–료–이시키 동료의식

□ **友情** (ゆうじょう) 유–죠– 우정

□ **忠告** (ちゅうこく) 츄–코쿠 충고

□ **礼儀** (れいぎ) 레–기 예의

□ **行動** (こうどう) 코–도– 행동

□ **精神活動** (せいしんかつどう) 세–싱카츠도– 정신활동

□ **知能** (ちのう) 치노– 지능

□ **推理力** (すいりりょく) 스이리료쿠 추리력

□ **暗算** (あんざん) 안장 암산

□ **十進法** (じっしんほう) 짓싱호– 십진법

□ **分数** (ぶんすう) 분스– 분수

□ **参加** (さんか) 상카 참가

□ **噂** (うわさ) 우와사 루머, 소문

□ **喧嘩** (けんか) 켕카 싸움

□ **和解** (わかい) 와카이 화해

PART 3.

일상생활
(日常生活)

chapter 1 병원(病院)

□ **クリニック** (くりにっく) 쿠리닉쿠 클리닉, 개인(전문)병원

AMBULANCE

□ **応急實** (おうきゅうしつ) 오-큐-시츠 응급실

□ **救急車** (きゅうきゅうしゃ) 큐-큐샤 구급차

□ **外科医** (げかい) 게카이 외과의사

□ **患者** (かんじゃ) 칸쟈 환자

□ **外科** (げか) 게카 외과

□ **手術** (しゅじゅつ) 슈쥬츠 수술

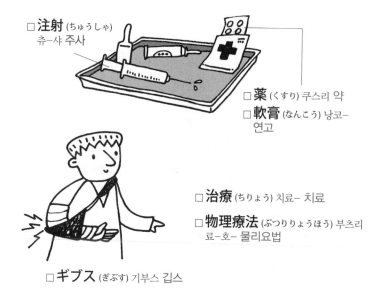

□ **注射** (ちゅうしゃ)
츄-샤 주사

□ **薬** (くすり) 쿠스리 약
□ **軟膏** (なんこう) 낭코-
연고

□ **治療** (ちりょう) 치료- 치료

□ **物理療法** (ぶつりりょうほう) 부츠리
료-호- 물리요법

□ **ギブス** (ぎぶす) 기부스 깁스

□ **内科** (ないか) 나이카 내과

□ **医者** (いしゃ) 이샤
의사(특히 내과의사)

□ **小児科** (しょうにか) 쇼-니카 소아과

□ **体温計** (たいおんけい) 타이옹케- 체온계

□ **小児科医** (しょうにかい)
쇼-니카이 소아과의사

□ **皮膚科** (ひふか) 히후카 피부과

□ **処方** (しょほう) 쇼호- 처방(전)

□ **成形外科** (せいけいげか) 세-케-게카 성형외과
□ **眼科医** (がんかい) 강카이 안과의사

□ **歯医者** (はいしゃ)
하이샤 치과의사

□ **産科** (さんか) 상카 산과(학)
□ **婦人科** (ふじんか) 후징카 부인과

〈관련어〉

□ **大学病院** (だいがくびょういん) 다이가쿠뵤–잉 대학병원

□ **隔離病院** (かくりびょういん) 카쿠리뵤–잉 격리병원

□ **病棟** (びょうとう) 뵤–토– 병동

□ **薬** (くすり) 쿠스리 약

□ **麻酔薬** (ますいやく) 마스이야쿠 마취약

□ **ビタミン** (びたみん) 비타밍 비타민

□ **健康診断** (けんこうしんだん) 켕코–신당 건강진단

□ **治療** (ちりょう) 치료– 치료

□ **人工授精** (じんこうじゅせい) 징코–쥬세– 인공수정

□ **血液検査** (けつえきけんさ) 케츠에키켄사 혈액검사

□ **理学療法** (りがくりょうほう) 리가쿠료−호− 물리치료

□ **血液型** (けつえきがた) 케츠에키가타 혈액형

□ **消毒** (しょうどく) 쇼−도쿠 소독

□ **神経学** (しんけいがく) 싱케−가쿠 신경학

□ **分娩室** (ぶんべんしつ) 붐벤시츠 분만실

□ **整形外科** (せいけいげか) 세−케−게카 정형외과

□ **診察する** (しんさつする) 신사츠스루 진찰하다

□ **スリング** (すりんぐ) 스링구 팔걸이 붕대

□ **包帯** (ほうたい) 호−타이 붕대

□ **包帯を巻く** (ほうたいをまく) 호−타이오 마쿠 붕대를 감다

□ **三角巾** (さんかくきん) 상카쿠킹 삼각건

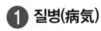

1 질병(病気)

□ **アレルギー** (あれるぎー)
아레루기ー
알레르기

□ **胃炎** (いえん) 이엥 위염

□ **癌** (がん) 강 암
□ **肺がん** (はいがん) 하이강 폐암

□ **インフルエンザ**
(いんふるえんざ) 인후루엔자
인플루엔자(독감)

□ **風邪** (かぜ) 카제 감기

□ **高血圧** (こうけつあつ) 코ー
케츠아츠 고혈압

□ **脳卒中** (のうそっちゅう)
노ー손츄ー 뇌졸중

□ **流行病**
(りゅうこうびょう) 류ー코ー
뵤ー 유행병

□ **喘息** (ぜんそく)
젠소쿠 천식

□ **心臓病** (しんぞうびょう)
신조ー뵤ー 심장병

□ **糖尿病** (とうにょうびょう)
토ー뇨ー뵤ー 당뇨병

□**肥満** (ひまん) 히망 비만

□**水痘** (すいとう) 스이토– 수두

□**ストレス** (すとれす)
스토레스 스트레스

□**肺炎** (はいえん) 하이엥
폐렴

□**流行性耳下腺炎**
(りゅうこうせいじかせんえん) 류–
코–세–지카생엥
유행성이하선염

□**麻疹** (はしか) 하시카 홍역

□**虫歯** (むしば)
무시바 충치

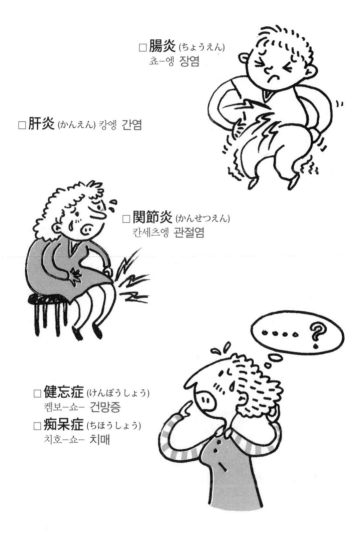

□ **腸炎** (ちょうえん)
쵸-엥 장염

□ **肝炎** (かんえん) 캉엥 간염

□ **関節炎** (かんせつえん)
칸세츠엥 관절염

□ **健忘症** (けんぼうしょう)
켐보-쇼- 건망증

□ **痴呆症** (ちほうしょう)
치호-쇼- 치매

〈관련어〉

□ **水虫** (みずむし) 미즈무시 무좀

□ **大腸炎** (だいちょうえん) 다이쵸-엥 대장염

□ **細菌性疾病** (さいきんせいしっぺい) 사이킨세-십페-
　세균성질병, 세균병

□ **保菌者** (ほきんしゃ) 호킨샤 보균자

□ **遺伝病** (いでんびょう) 이뎀뵤- 유전병

□ **難病** (なんびょう) 남뵤- 난치병, 고질병

□ **酒飲み** (さけのみ) 사케노미 술꾼

□ **発病** (はつびょう) 하츠뵤- 발병

□ **炎症** (えんしょう) 엔쇼– 염증

□ **結核** (けっかく) 켁카쿠 결핵

□ **肺病** (はいびょう) 하이뵤– 폐병

□ **悪阻** (つわり) 츠와리 입덧

□ **過労** (かろう) 카로– 과로

□ **潰瘍** (かいよう) 카이요– 궤양

□ **甲状腺機能亢進** (こうじょうせんきのうこうしん) 코–죠–셍키노–코–싱 갑상선기능항진증

□ **甲状腺炎** (こうじょうせんえん) 코–죠–셍엥 갑상선염

□ **甲状腺種** (こうじょうせんしゅ) 코–죠–센슈 갑상선종

② 증상(症状)

□ **頭痛** (ずつう) 즈츠ー 두통

□ **痛み** (いたみ) 이타미 아픔, 고통
□ **火傷** (やけど) 야케도 화상

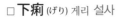

□ **下痢** (げり) 게리 설사

□ **歯痛** (しつう) 시츠ー 치통

□ **嘔吐** (おうと) 오ー토 구토

□ **骨折** (こっせつ) 콧세츠 골절
□ **しゃっくり** (しゃっくり) 샥쿠리 딸꾹질

□ **発熱** (はつねつ)
하츠네츠 발열

□ **傷跡** (きずあと) 키즈아토 흉터

□ **消化不良** (しょうかふりょう)
쇼-카후료- 소화불량

□ **咳** (せき) 세키 기침
□ **くしゃみ** (くしゃみ) 쿠샤미
재채기

□ **あざ** (あざ) 아자 멍

□ **便秘** (べんぴ) 벰피 변비

□ **栄養失調** (えいようしっちょう)
에–요–싣쵸– 영양실조

□ **息** (いき) 이키 숨
□ **目眩** (めまい) 메마이 현기증
□ **汗** (あせ) 아세 땀

□ **小便** (しょうべん) 쇼–벤 소변
□ **大便** (だいべん) 다이벤 배설물

□ **吐き気** (はきけ) 하키케
구역질, 메스꺼움

□ **寒気** (さむけ) 사무케 한기, 오한
□ **出血** (しゅっけつ) 슛케츠 출혈
□ **ブリスター** (ぶりすたー)
부리스타– 물집

□ **片頭痛** (へんずつう) 헨즈츠– 편두통
□ **失心** (しっしん) 싯신 실신, 기절
□ **鼻水** (はなみず) 하나미즈 콧물

〈관련어〉

□ **心臓発作** (しんぞうほっさ) 신조-홋사 심장발작

□ **発疹** (はっしん) 핫신 발진

□ **後遺症** (こういしょう) 코-이쇼- 후유증

□ **障害者** (しょうがいしゃ) 쇼-가이샤 장애자

□ **盲** (めくら) 메쿠라 맹인

□ **聾者** (ろうしゃ) 로-샤 청각 장애인

□ **おし** (おし) 오시 벙어리

□ **聾唖** (ろうあ) 로-아 농아

□ **化膿** (かのう) 카노- 곪음, 화농

□ **日焼け** (ひやけ) 히야케 볕에 탐

□ **欠乏** (けつぼう) 케츠보- 결핍

□ **大手術** (だいしゅじゅつ) 다이슈쥬츠 대수술

□ **補聴器** (ほちょうき) 호쵸-키 보청기

□ **盲腸炎** (もうちょうえん) 모-쵸-엥 맹장염

□ **吸入器** (きゅうにゅうき) 큐-뉴-키 흡입기

□ **酸素吸入器** (さんそきゅうにゅうき) 산소큐-뉴-키 산소흡입기

□ **体力** (たいりょく) 타이료쿠 체력

□ **体格** (たいかく) 타이카쿠 체격

□ **呼吸器** (こきゅうき) 코큐-키 호흡기

□ **精神障害者** (せいしんしょうがいしゃ)
세-신쇼-가이샤 정신병 환자

□ **精神病院** (せいしんびょういん) 세-신뵤-잉 정신병원

□ **精神科専門医** (せいしんかせんもんい)
세-싱카 셈몽이 정신병 전문의

□ **衛生** (えいせい) 에-세- 위생

chapter 2 우체국(郵便局)

□ **郵便局員** (ゆうびんきょくいん)
유-빈쿄쿠잉 우체국 직원

□ **送料** (そうりょう)
소-료- 우편요금

□ **郵便物** (ゆうびんぶつ) 유-빈부츠 우편물

□ **船便** (ふなびん) 후나빈 선편

□ **郵便配達** (ゆうびんはいたつ)
유-빈하이타츠 우편배달

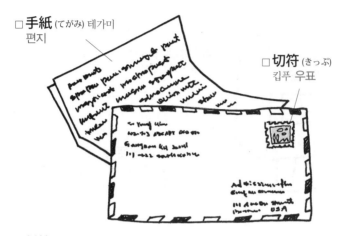

□ **手紙** (てがみ) 테가미
편지

□ **切符** (きっぷ)
킵푸 우표

□ **封筒** (ふうとう) 후–토– 봉투
□ **航空便** (こうくうびん) 코–쿠–빙 항공우편

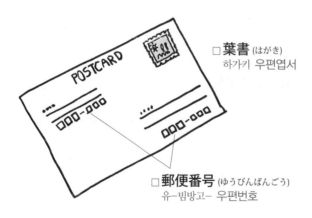

□ **葉書** (はがき)
하가키 우편엽서

□ **郵便番号** (ゆうびんばんごう)
유–빔방고– 우편번호

□ **郵便ポスト** (ゆうびんポスト)
유-빔포스토 우체통

□ **速達郵便** (そくたつゆうびん)
소쿠타츠유-빙 속달우편
□ **電報** (でんぽう) 뎀포- 전보

□ **差出人住所** (さしだしにんじゅうしょ)
사시다시닌쥬-쇼 발신처

□ **宛先** (あてさき) 아테사키 수신처

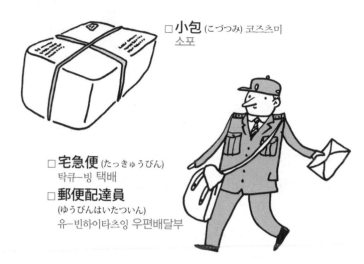

□ **小包** (こづつみ) 코즈츠미
소포

□ **宅急便** (たっきゅうびん)
탁큐―빙 택배

□ **郵便配達員**
(ゆうびんはいたついん)
유―빈하이타츠잉 우편배달부

□ **窓口** (まどぐち) 마도구치
창구

□ **秤** (はかり) 하카리 저울

□ **消印** (けしいん) 케시잉 소인

〈관련어〉

□ **郵便飛行機** (ゆうびんひこうき) 유―빙히코―키 우편비행기

□ **郵便列車** (ゆうびんれっしゃ) 유―빈렛샤 우편 열차

□ **配送日** (はいそうひ) 하이소―히 배송일

□ **メールボックス** (めーるぼっくす) 메―루복쿠스 우편함

□ **通販** (つうはん) 츠–항 통신 판매(주문)

□ **郵便局長** (ゆうびんきょくちょう) 유–빙쿄쿠쵸– 우체국장

□ **軍事郵便局** (ぐんじゆうびんきょく) 군지유–빙쿄쿠 군사우체국

□ **壊れ易い** (こわれやすい) 코와레야스이 부서지기 쉬운

□ **迷惑メール** (めいわくめーる) 메–와쿠메–루
　 스팸메일 (광고성 우편물)

chapter 3 은행(銀行)

□ **通帳** (つうちょう) 츠-쵸- 은행통장

□ **クレジットカード** (くれじっとかーど) 쿠레짓토카-도 신용카드

□ **銀行員** (ぎんこういん) 깅코-잉 은행원

□ **警備員** (けいびいん) 케-비잉 경비원

□ **口座** (こうざ) 코-자 은행계좌

□ **お金** (おかね) 오카네 돈

□ **現金** (げんきん) 겡킹 현금
□ **コイン** (こいん) 코잉 동전

□ **札** (さつ) 사츠 지폐

□ **小切手** (こぎって) 코깃테 수표
□ **手形** (てがた) 테가타 어음

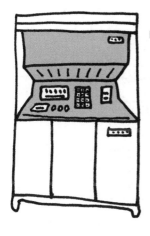

□ **ATM** (エーティーエム) 에―티에무
　현금자동인출기

□ **送金** (そうきん) 소―킹 송금

□ 金庫 (きんこ) 킹코 금고

□ 口座引き落とし (こうざひきおとし) 코-자히키오토시 자동이체

□ 預け入れ用紙 (あずけいれようし) 아즈케이레요-시 예금용지

□ 払い戻し用紙 (はらいもどしようし) 하라이모도시요-시 출금용지

□ 銀行手数料 (ぎんこうてすうりょう) 깅코-테스-료- 은행수수료

□ お客様 (おきゃくさま) 오캬쿠사마 고객님

□ **貯蓄** (ちょちく) 쵸치쿠 저축
□ **為替レート** (かわせれーと) 카와세레ー토 환율

□ **ローン** (ろーん) 로옹 융자

□ **積立金** (つみたてきん)
츠미타테킹 적립금

□ **元金** (がんきん) 강킹 원금
□ **利子** (りし) 리시 이자

〈관련어〉

□ **偽札** (にせさつ) 니세사츠 위조지폐

□ **株式** (かぶしき) 카부시키 주식

□ **キャッシャー** (きゃっしゃー) 캿샤– 캐셔, 출납원

□ **カード入り口** (かーどいりぐち) 카–도이리구치 카드삽입구

□ **キーパッド** (きーぱっど) 키–팓도 키패드, 자판

□ **納入** (のうにゅう) 노–뉴– 납입

□ **毎月支払** (まいげつしはらい) 마이게츠시하라이 월부

□ **月次報告書** (げつじほうこくしょ) 게츠지호–코쿠쇼 매월납부명세서

□ **署名** (しょめい) 쇼메– 서명

□ **パスワード** (ぱすわーど) 파스와–도 비밀번호

□ **貯蓄する** (ちょちくする) 쵸치쿠스루 저축하다

□ **両替する** (りょうがえする) 료-가에스루 환전하다

□ **送金する** (そうきんする) 소-킨스루 송금하다

□ **預け入れる** (あずけいれる) 아즈케이레루 예금하다

□ **(お金を)引き出す** ((おかねを)ひきだす)
　 (오카네오)히키다스 출금하다

□ **通貨** (つうか) 츠-카 통화, 화폐

□ **キャッシュカード** (きゃっしゅかーど) 캿슈카-도 현금카드

□ **トラベラーズチェック** (とらべらーずちぇっく)
　 토라베라-즈첵쿠 여행자수표

□ **保証小切手** (ほしょうこぎって) 호쇼-코긷테 보증수표

□ **金利** (きんり) 킨리 금리

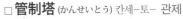

chapter 4

공항(空港)

□ **管制塔** (かんせいとう) 칸세–토– 관제탑

□ **旅客機** (りょかくき) 료카쿠키 여객기

□ **滑走路** (かっそうろ) 캇소–로 활주로

□ **免税店** (めんぜいてん) 멘제–텐 면세점

□ **手荷物受取所** (てにもつうけとりしょ) 테니모츠 우케토리쇼 수화물 찾는 곳

□ **関税** (かんぜい) 칸제– 관세

□ **国内線** (こくないせん) 코쿠나이셍 국내선
□ **国際線** (こくさいせん) 콕사이셍 국제선

□ **金属探知機** (きんぞくたんちき) 킨조쿠탄치
키 금속 탐지기

□ **予約** (よやく) 요야쿠 예약
□ **到着地** (とうちゃくち) 토-챠쿠치 도착지

□**到着** (とうちゃく) 토–차쿠 도착

□**着陸** (ちゃくりく) 차쿠리쿠 착륙

□**高度飛行** (こうどひこう) 코–도히코– 고도비행

□**時差ぼけ** (じさぼけ) 지사보케 시차피로

□**出発** (しゅっぱつ) 슙파츠 출발

□**離陸** (りりく) 리리쿠 이륙

□ **パスポート** (ぱすぽーと) 파스포ー토 여권
□ **搭乗券** (とうじょうけん) 토ー죠ー켕 탑승권
□ **ビザ** (びざ) 비자 비자

□ **検査** (けんさ) 켄사 검사
□ **入国審査** (にゅうこくしんさ) 뉴ー코쿠신사 입국심사

□ **検疫所** (けんえきしょ) 켕에키쇼 검역소
□ **待機** (たいき) 타이키 대기

291

〈관련어〉

□ **セキュリティチェック** (せきゅりてぃちぇっく)
　세큐리티첵쿠 보안검색

□ **リムジンバス** (りむじんばす) 리무진바스 공항버스

□ **搭乗手続きカウンター** (とうじょうてつづきかうんたー)
　토–죠–테츠즈키카운타– 탑승수속창구

□ **手荷物** (てにもつ) 테니모츠– 수화물

□ **チェックイン荷物** (ちぇっくいんにもつ)
　체쿠인니모츠 탁송화물수속

□ **キャリーバック** (きゃりーばっく)
　캬리–박쿠 기내로 휴대할 수 있는 가방

□ **通関クリア** (つうかんくりあ) 츠–캉쿠리아 통관절차를 마침

□ **税関申告** (ぜいかんしんこく) 제–칸싱코쿠 세관신고

□ **待機者リスト** (たいきしゃりすと) 타이키샤리스토 대기자명단

□ **直行便** (ちょっこうびん) 쵹코–빙 직항편

□ **夜間飛行** (やかんひこう) 야칸히코– 야간비행

□ 航空券 (こうくうけん) 코–쿠–켕 항공권

□ 客室乗務員 (きゃくしつじょうむいん)
카쿠시츠죠– 무잉 객실 승무원

□ パイロット (ぱいろっと) 빠이롣토 조종사

□ 非常口 (ひじょうぐち) 히죠–구치 비상구

□ ディレー (でぃれー) 디레– 딜레이, 연착

□ ストップオーバー (すとっぷおーばー) 스톱푸오–바– 도중하차(지)

□ 搭乗口番号 (とうじょうぐちばんごう) 토–죠–구치방고– 탑승구번호

□ 出発ロビー (しゅっぱつろびー) 슙파츠로비– 탑승대기실

□ 窓側席 (まどがわせき) 마도가와세키 창가측 좌석

□ 通路側席 (つうろがわせき) 츠–로가와세키 통로측 좌석

□ トイレ (といれ) 토이레 화장실

□ コクピット (こくぴっと) 코쿠핃토 조종실

chapter 5 쇼핑과 취미(ショッピングと趣味)

1 쇼핑(ショッピング)

□ショッピングモール (しょっぴんぐもーる)
솝핑구모−루 쇼핑몰

□デパート (でぱーと) 데파−토 백화점

□お土産屋 (おみやげや) 오미야게야
기념품점

□駐車場 (ちゅうしゃじょう)
츄−샤죠− 주차장

□ **紳士服** (しんしふく)
신시후쿠 남성복

□ **婦人服** (ふじんふく)
후징후쿠 여성복

□ **レシート** (れしーと)
레시-토 영수증

□ **払い戻し** (はらいもどし) 하라이모도시 환불
□ **保証書** (ほしょうしょ) 호쇼-쇼 보증서

□ **台所用品** (だいどころようひん)
다이도코로요-힝 부엌용품

□ **スポーツ用品**
(すぽーつようひん)
스포-츠요-힝 스포츠 용품

295

□ **販売** (はんばい) 함바이 판매
□ **交換** (こうかん) 코-캉 교환

□ **値札** (ねふだ) 네후다
　가격표
□ **割引** (わりびき) 와리비키
　할인

□ **特価品** (とっかひん)
　톡카힝 특가품

□ **営業時間** (えいぎょうじかん)
　에-교-지캉 영업시간

□ **試着室** (しちゃくしつ)
　시챠쿠시츠 옷입어보는 곳

□ **コンビニ** (こんびに) 콤비니 편의점

□ **レジ** (れじ) 레지 금전등록기

□ **店員** (てんいん) 텡잉 점원

□ **お客様** (おきゃくさま)
오캬쿠사마 손님

□ **ショッピングカート** (しょっぴんぐかーと)
숍핑구카ー토 손수레, 쇼핑카트

□ **ブランド** (ぶらんど)
부란도 상표

□ **女店員** (じょてんいん)
죠텡잉 여점원

〈관련어〉

□ **カウンター** (かうんたー) 카운타- 계산대, 판매대
□ **バーコード** (ばーこーど) 바-코-도 바코드
□ **カタログ** (かたろぐ) 카타로구 카탈로그, 목록
□ **保証(書)** (ほしょう(しょ)) 호쇼-(쇼) 보증(서)
□ **ギフトショップ** (ぎふとしょっぷ) 기후토숍푸 선물가게

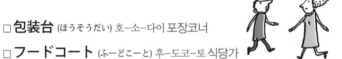

□ **包装台** (ほうそうだい) 호-소-다이 포장코너
□ **フードコート** (ふーどこーと) 후-도코-토 식당가
□ **遺失物(センター)** (いしつぶつ(せんたー))
　이시츠부츠(센타-) 분실물 (센터)

□ **在庫一掃セール** (ざいこいっそうせーる)
자이코잇소ー세ー루 재고정리세일

□ **ぼられる** (ぼられる) 보라레루 바가지 쓰다

□ **格安** (かくやす) 카쿠야스 값이 쌈

□ **激安** (げきやす) 게키야스 가격이 매우 쌈

□ **特売日** (とくばいび) 토쿠바이비 할인 판매일

□ **頭金** (あたまきん) 아타마킹 (할부금의)첫 지불액

□ **補償** (ほしょう) 호쇼ー 보상, 배상

② 취미(趣味)

□ **旅行** (りょこう) 료코- 여행

□ **映画** (えいが) 에-가 영화
□ **収集** (しゅうしゅう) 슈-슈- 수집

□ **コンサート** (こんさーと)
　콘사-토 콘서트
□ **ダンス** (だんす) 단스 춤, 댄스
□ **音楽** (おんがく) 옹가쿠 음악

□ **読書** (どくしょ)
　도쿠쇼 독서

□ **クラフト** (くらふと) 쿠라후토 공예
□ **料理** (りょうり) 료-리 요리
□ **芝居** (しばい) 시바이 연극

□ **絵画** (かいが) 카이가 그림, 회화

□ **漫画** (まんが) 망가 만화

□ **編み物** (あみもの) 아미모노 뜨개질
□ **刺繍** (ししゅう) 시슈– 자수
□ **縫い物** (ぬいもの) 누이모노
　 재봉, 바느질

□**写真撮影** (しゃしんさつえい)
　 샤신사츠에– 사진촬영
□ **書道** (しょどう) 쇼도– 서예

□**アニメーション**
　 (あにめーしょん) 아니메–숑
　 애니메이션, 만화영화

□**山登り** (やまのぼり)
　 야마노보리 등산

□**ハイキング**
　 (はいきんぐ) 하이킹구
　 하이킹, 도보여행

□**釣り** (つり)
　 츠리 낚시

301

〈관련어〉

□ **模型製作** (もけいせいさく) 모케–세–사쿠 모형제작

□ **模型組み立て** (もけいくみたて) 모케–쿠미타테 모형조립

□ **折り紙** (おりがみ) 오리가미 종이접기

□ **天体観測** (てんたいかんそく) 텐타이칸소쿠 천체관측

□ **切手収集** (きってしゅうしゅう) 킫테슈–슈– 우표수집

□ **コイン収集** (こいんしゅうしゅう) 코인슈–슈– 동전수집

□ **コレクション** (これくしょん) 코레쿠숑 수집, 콜렉션

□ **ジグソーパズル** (じぐそーぱずる) 지구소–파즈루 조각퍼즐

□ **クロスワード** (くろすわーど) 쿠로스와–도 십자말풀이

□ **チェス** (ちぇす) 체스 체스, 서양장기

□ **カードゲーム** (かーどげーむ) 카–도게–무 카드놀이

□ **賭け** (かけ) 카케 내기

□ **ミュージカル** (みゅーじかる) 뮤ー지카루 음악극, 뮤지컬

□ **オペラ** (おぺら) 오페라 오페라

□ **連載漫画** (れんさいまんが) 렌사이망가 연재만화

□ **ドライブ** (どらいぶ) 도라이부 드라이브

□ **陶芸** (とうげい) 토ー게ー 도자기공예

□ **彫刻** (ちょうこく) 쵸ー코쿠 조각

□ **マージャン** (まーじゃん) 마ー쟌 마작

□ **人形劇** (にんぎょうげき) 닌교ー게키 인형극

□ **操り人形** (あやつりにんぎょう) 아야츠리닝교ー 꼭두각시인형

□ **バードウォッチング** (ばーどうぉっちんぐ)
바ー도웟칭구 들새 관찰, 탐조

chapter 6

여행, 종교, 스포츠
(旅行、宗教、スポーツ)

1 여행(旅行)

□ **観光** (かんこう) 캉-코- 관광

　□ **夜景** (やけい) 야케- 야경

□ **日帰り旅行** (ひがえりりょこう)
히가에리료코- 당일치기 여행

□ **海外旅行** (かいがいりょこう) 카이가이료코- 해외여행
□ **国内旅行** (こくないりょこう) 코쿠나이료코- 국내여행
□ **遠足** (えんそく) 엔소쿠 소풍

□ **団体旅行** (だんたいりょこう)
단타이료코– 단체여행

□ **新婚旅行** (しんこんりょこう)
싱콘료코– 신혼여행

□ **旅行社** (りょこうしゃ)
료코–샤 여행사

□ **観光客** (かんこうきゃく)
캉코–캬쿠 관광객

□ **旅行日程** (りょこうにってい)
료코–닏테– 여행일정

□ **クルーズ旅行** (くるーずりょこう)
쿠루–즈료코– 선박여행

□ **車酔い** (くるまよい)
쿠루마요이 차멀미

□ **船酔い** (ふなよい)
후나요이 배멀미

□ **記念碑** (きねんひ)
키넹히 기념비

□ **民俗村** (みんぞくむら)
민조쿠무라 민속촌

□ **眺め** (ながめ)
나가메 전망, 경치

□ **温泉** (おんせん) 온셍 온천

□ **景色** (けしき) 케시키 풍경
□ **遺跡** (いせき) 이세키 옛터, 유적

□ **お土産** (おみやげ) 오미야게 기념품, 선물

〈관련어〉

□ **夜景ツアー** (やけいつあー) 야케-츠아- 야간여행

□ **夜行列車** (やこうれっしゃ) 야코-렛샤 야간열차

□ **自動車旅行** (じどうしゃりょこう) 지도-샤료코- 자동차여행

□ **巡視旅行** (じゅんしりょこう) 쥰시료코-
   시찰여행 (관리, 감독을 위해 돌아다님)

□ **新婚旅行** (しんこんりょこう) 싱콘료코- 신혼여행

□ **週末旅行** (しゅうまつりょこう) 슈-마츠료코- 주말여행

□ **往復(一周)旅行** (おうふく(いっしゅう)りょこう)
   오-후쿠(잇슈-)료코- 왕복(일주)여행

□ **展望台** (てんぼうだい) 템보-다이 전망대

□ **官費旅行** (かんぴりょこう) 캄피료코- 관비여행

□ **芸術作品** (げいじゅつさくひん) 게-쥬츠사쿠힝 예술작품

□ **史跡** (しせき) 시세키 사적, 유적지

□ **観光名所** (かんこうめいしょ) 캉코-메-쇼 관광명소

□ **バックパッキング** (ばっぐぱっきんぐ) 박구팍킹구 배낭여행

□ **リュックサック** (りゅっくさっく) 륙쿠삭쿠 배낭

□ **地図** (ちず) 치즈 지도

□ **旅行者** (りょこうしゃ) 료코-샤 여행자

□ **観光団** (かんこうだん) 캉코-당 관광단

□ **観光都市** (かんこうとし) 캉코-토시 관광도시

□ **観光産業** (かんこうさんぎょう) 캉코-상교- 관광산업

□ **観光地** (かんこうち) 캉코-치 관광지

□ **航海** (こうかい) 코-카이 항해

□ **旅** (たび) 타비 여행

2 종교(宗教)

□ **儀式** (ぎしき)
기시키 의식
□ **信仰** (しんこう)
싱코- 신앙
□ **改宗者** (かいしゅうしゃ)
카이슈-샤 개종자

□ **キリスト教** (きりすときょう)
키리스토쿄- 기독교
□ **カトリック教** (かとりっくきょう)
카토릭쿠쿄- 가톨릭교
□ **キリスト教信者** (きりすときょうしんじゃ)
키리스토쿄-신쟈 기독교도

□ **説教** (せっきょう)
섹쿄- 설교

□ **礼拝** (れいはい)
레-하이 예배

□ カトリック教信者
(かとりっくきょうしんじゃ)
카토릭쿠쿄-신쟈 가톨릭신자

□ ヒンドゥー教徒
(ひんどぅーきょうと)
힌두-쿄-토 힌두교도

□ ヒンドゥー教
(ひんどぅーきょう)
힌두-쿄- 힌두교

□ イスラム教 (いすらむきょう) 이스라무쿄- 이슬람교

□ イスラム教徒 (いすらむきょうと) 이스라무쿄-토 이슬람교도

□ 儒教 (じゅきょう) 쥬쿄- 유교

□ 儒者 (じゅしゃ) 쥬샤 유생

□ **お寺** (おてら) 오테라 절, 신전

□ **仏教** (ぶっきょう) 북쿄– 불교
□ **仏教徒** (ぶっきょうと) 북쿄–토 불교도

□ **シャーマニズム**
(しゃーまにずむ) 샤–마니즈무
샤머니즘(원시종교)
□ **シャーマン**
(しゃーまん) 샤–망 무당, 주술사

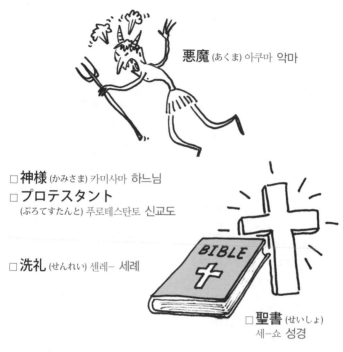

悪魔 (あくま) 아쿠마 악마

□ **神様** (かみさま) 카미사마 하느님
□ **プロテスタント**
(ぷろてすたんと) 푸로테스탄토 신교도

□ **洗礼** (せんれい) 센레- 세례

□ **聖書** (せいしょ)
세-쇼 성경

□ **礼拝** (れいはい) 레-하이 예배
□ **教会** (きょうかい) 쿄-카이 교회

□ ミサ (みさ) 미사 미사

□ **ローマ教皇** (ろーまきょうこう) 로ー마쿄ー
코ー 로마교황

□ **大聖堂** (だいせいどう)
다이세ー도ー 대성당

□ **十字架** (じゅうじか) 쥬ー지카 십자가

□ **司教** (しきょう) 시쿄ー 주교

□ **枢機卿** (すうききょう)
스ー키쿄ー 추기경

□ **賛美歌** (さんびか) 삼비카 찬송가

□ **天国** (てんごく) 텡고쿠 천국

□ **地獄** (じごく) 지고쿠 지옥

□ **葬式** (そうしき) 소ー시키 장례식

□ **聖職者** (せいしょくしゃ)
세ー쇼쿠샤 성직자

□ **宣教師** (せんきょうし)
셍쿄-시 선교사

□ **聖歌隊** (せいかたい)
세-카타이 성가대

□ **火葬** (かそう) 카소- 화장

□ **墓** (はか) 하카 무덤
□ **埋蔵** (まいぞう) 마이조- 매장

□ **狂信者** (きょうしんしゃ) 쿄-신샤 광신자

□ **復活節** (ふっかつせつ)
훅카츠세츠 부활절

□ **福音** (ふくいん) 후쿠잉 복음
□ **預言者** (よげんしゃ) 요겐샤 예언자

〈관련어〉

□ **仏** (ほとけ) 호토케 석가, 부처
□ **キリスト** (きりすと) 키리스토 그리스도
□ **モハメッド** (もはめっど) 모하멛도 마호메트
□ **カルマ** (かるま) 카루마 업보, 인과응보
□ **悪** (あく) 아쿠 악

□ **幽霊** (ゆうれい) 유─레─ 유령
□ **罪** (つみ) 츠미 죄
□ **原罪** (げんざい) 겐자이 (종교) 원죄
□ **信じる** (しんじる) 신지루 믿다

☐ **信者** (しんじゃ) 신쟈 신자

☐ **牧師** (ぼくし) 보쿠시 목사

☐ **神社** (じんじゃ) 진쟈 신사, 신당

☐ **僧** (そう) 소- 스님

☐ **狂信** (きょうしん) 쿄-싱 광신, 사이비신앙

☐ **復活** (ふっかつ) 훅카츠 부활

☐ **天使** (てんし) 텐시 천사

☐ **楽園** (らくえん) 라쿠엥 낙원

☐ **地上楽園** (ちじょうらくえん) 치죠-라쿠엥 지상낙원

□ **快楽** (かいらく) 카이라쿠 쾌락

□ **衆生** (しゅじょう) 슈죠– 중생

□ **絶対的な存在** (ぜったいてきなそんざい)
  젠타이테키나 손자이 절대적 존재

□ **人間** (にんげん) 닝겡 인간

□ **実際** (じっさい) 짓사이 실재

□ **人身御供** (ひとみごくう) 히토미고쿠– 사람을 재물로 바침

□ **誓いを立てる** (ちかいをたてる) 치카이오타테루 맹세하다

□ **祈る** (いのる) 이노루 기도하다

□ **予言する** (よげんする) 요겐스루 예언하다

□ **修道女** (しゅうどうじょ) 슈ー도ー죠 수녀

□ **祝福** (しゅくふく) 슈쿠후쿠 축복

❸ <u>스포츠(スポーツ)</u>

□ **サッカー** (さっかー) 삭카― 축구

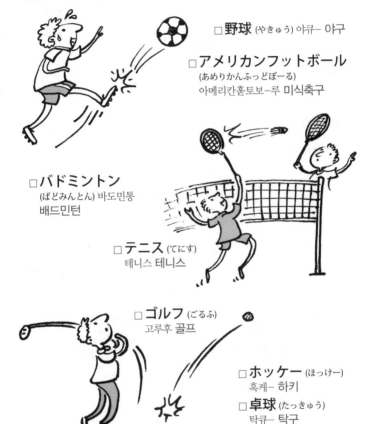

□ **野球** (やきゅう) 야큐― 야구

□ **アメリカンフットボール**
(あめりかんふっどぼーる)
아메리칸훗토보―루 미식축구

□ **バドミントン**
(ばどみんとん) 바도민통
배드민턴

□ **テニス** (てにす)
테니스 테니스

□ **ゴルフ** (ごるふ)
고루후 골프

□ **ホッケー** (ほっけー)
혹케― 하키

□ **卓球** (たっきゅう)
탁큐― 탁구

□ **バスケットボール**
(ばすけっとぼーる)
바스켙토보–루 농구

□ **バレーボール** (ばれーぼーる) 바레–보–루 배구
□ **ボウリング** (ぼうりんぐ) 보–링구 볼링

□ **水泳** (すいえい)
스이에– 수영

□ **スカイダイビング**
(すかいだいびんぐ) 스카이다이빙구
스카이다이빙

□ **サイクリング**
(さいくりんぐ) 사이쿠링구
자전거 타기

□ **ビリヤード**
(びりやーど)
비리야–도 당구

□ **マラソン**
(まらそん) 마라송
마라톤

□ **柔道** (じゅうどう) 쥬ー도ー 유도
□ **ラグビー** (らぐびー) 라구비ー 럭비

□ **スケーティング** (すけーてぃんぐ)
　스케ー팅구 스케이트

□ **ボクシング** (ぼくしんぐ) 보쿠싱구ー 권투

□ **ウエイトリフティング**
　(うえいとりふてぃんぐ)
　웨이ー토리후팅구 역도

□ **ジョギング** (じょぎんぐ)
　죠깅구 조깅

□フェンシング
(ふぇんしんぐ)
휀싱구 펜싱

□体操 (たいそう)
타이소– 체조

□射擊 (しゃげき) 샤게키 사격

□反則 (はんそく) 한소쿠 반칙
□ペナルティー (ぺなるてぃー)
페나루티– 패널티
□ルール (るーる) 루–루 규칙, 룰

〈관련어〉

□ **スキー** (すきー) 스키– 스키

□ **プールゲーム** (ぷーるげーむ) 푸–루게–무 풀게임(당구의 한 종목)

□ **ウインドサーフィン** (ういんどさーふぃん) 우인도사–휭 윈드서핑

□ **乗馬** (じょうば) 죠–바 승마

□ **スキューバダイビング** (すきゅーばだいびんぐ) 스큐–바다이빙구 스쿠버 다이빙

□ **運動** (うんどう) 운도– 운동

□ **ラフティング** (らふてぃんぐ) 라후팅구 래프팅, 급류타기

□ **ハンドボール** (はんどぼーる) 한도보–루 핸드볼

□ **ソフトボール** (そふとぼーる) 소후토보–루 소프트볼

□ **バット** (ばっと) 받토– (야구 등의)배트

□ **グラブ** (ぐらぶ) 구라부 글러브

□ **マスク** (ますく) 마스쿠 마스크

□ **ラケット** (らけっと) 라켇토 라켓

□ **ダンベル** (だんべる) 담베루 덤벨, 아령

□ **釣り竿** (つりざお) 츠리자오 낚싯대.

□ **レギュレーター** (れぎゅれーたー) 레규레−타− 조절기

□ **フリッパー** (ふりっぱー) 후립파− 플리퍼, 잠수용 물갈퀴

□ **ウエットスーツ** (うえっとすーつ) 우엗토스−츠 웨트슈트
   (고무)잠수복

□ **生餌** (いきえ) 이키에 산 미끼

□ **ストレッチング** (すとれっちんぐ) 스토렏칭구 스트레칭

□ **潜水** (せんすい) 센스이 잠수

□ **チューブ** (ちゅーぶ) 츄―부 튜브

□ **ゴーグル** (ごーぐる) 고―구루 고글

□ **レスキュー隊** (れすきゅーたい) 레스큐―타이 구조대

□ **縄跳び** (なわとび) 나와토비 줄넘기

□ **バーベル** (ばーべる) 바―베루 바벨, 역기

□ **懸垂** (けんすい) 켄스이 턱걸이

□ **シットアップ** (しっとあっぷ) 싣토압푸 윗몸일으키기

□ **プッシュアップ** (ぷっしゅあっぷ) 풋슈압푸 팔굽혀펴기

□ **エアロビックダンシング** (えあろびっくだんしんぐ)
에아로빅쿠단싱구 에어로빅 댄싱

□ **選手** (せんしゅ) 센슈 선수

□ **審判** (しんぱん) 심팡 심판

□ **コーチ** (こーち) 코–치 코치

□ **監督** (かんとく) 칸토쿠 감독

□ **応援** (おうえん) 오–엥 응원

□ **運動** (うんどう) 운도– 운동

□ **ピンポン** (ぴんぽん) 핑퐁 탁구, 핑퐁

□ **スポーツマンシップ** (すぽ- つまんしっぷ)
　스포–츠만십푸 스포츠맨십

□ **スポーツ用語** (すぽーつようご) 스포–츠요–고 스포츠용어

□ **延長戦** (えんちょうせん) 엔쵸–셍 연장전

327

chapter 7

극장과 공연(劇場と公演)

1 극장(劇場)

□ **公演** (こうえん) 코–엔 공연

□ **見物人** (けんぶつにん) 켄부츠닝 구경꾼

□ **観客** (かんきゃく) 캉캬쿠 관객

□ **映画** (えいが) 에–가 영화

□ **試写会** (ししゃかい) 시샤카이 시사(회)

□ **無料入場** (むりょうにゅうじょう) 무료–뉴–죠– 무료입장

□ **興行** (こうぎょう) 코–교– 흥행

□ **チケット** (ちけっと) 치켄토 티켓, 입장권

□ **入場料** (にゅうじょうりょう) 뉴–죠–료– 입장료

□ **出口** (でぐち) 데구치 출구

□ **拍手喝采** (はくしゅかっさい) 하쿠슈캇사이 박수갈채

□ **映画のファン** (えいがのファン) 에–가노확 영화팬

□ **映画館** (えいがかん) 에–가캉 영화관

□ **広告板** (こうこくばん) 코–코쿠방 광고판

□ **非常階段** (ひじょうかいだん) 히죠–카이당 비상계단

□ **庇** (ひさし) 히사시 (극장 출입구의)차양

□ **入場** (にゅうじょう) 뉴–죠– 입장

□ **入り口** (いりぐち) 이리구치 입구

□ **上映** (じょうえい) 죠–에 상영

□ **女優** (じょゆう)
죠유– 여배우

□ **俳優**
(はいゆう) 하이유–
(남자)배우

□ **座席** (ざせき)
자세키 좌석

□ **ブロックバスター** (ぶろっくばすたー)
부록쿠바스타– 블록버스터, 초(超)대작

BOX OFFICE

□ **チケット売り場** (ちけっとうりば)
치켇토우리바 매표소

□ **アンコール** (あんこーる)
앙코–루 앙코르

□ **予告編** (よこくへん)
요코쿠헹 예고편

□ **続編** (ぞくへん) 조쿠헹 속편
□ **短編映画** (たんぺんえいが) 탐펜에ー가 단편영화

□ **ホラー映画**
(ホラーえいが)
호라ー에ー가
공포영화, 호러영화

□ **スクリーン**
(すくりーん)
스쿠리ー잉
스크린, 화면

□ **字幕** (じまく) 지마쿠 자막

□ **SF映画** (エスエフえいが) 에스에후에ー가 SF영화
□ **長編特作映画** (ちょうへんとくさくえいが)
쵸ー 헨토쿠사쿠에ー가 장편특작영화

□ **フィルム** (ふぃるむ) 휘
루무 필름

□ **アクション映画** (あ
くしょんえいが) 아쿠숀에ー
가 액션영화

□ **無声映画** (むせいえいが) 무세-에-가 무성영화

□ **予約席** (よやくせき) 요야쿠세키 예약석
□ **製作** (せいさく) 세-사쿠 제작
□ **製作者** (せいさくしゃ) 세-사쿠샤 제작자
□ **映画配給** (えいがはいきゅう)
　에-가하이큐- 영화배급

□ **悲劇** (ひげき)
　히게키 비극

□ **喜劇** (きげき)
　키게키 희극

□ **授賞** (じゅしょう) 쥬쇼– 수상(상을 주는 것)
□ **受賞** (じゅしょう) 쥬쇼– 수상(상을 받는 것)

□ **ロケーション** (ろけーしょん)
로케–숑 영화의 야외 촬영(지)

□ **プロジェクター** (ぷろじぇくたー)
푸로제쿠타– 프로젝터, 영상기
□ **監督** (かんとく) 칸토쿠 감독

□ **配役** (はいやく) 하이야쿠 배역
□ **代役** (だいやく) 다이야쿠 대역

333

〈관련어〉

□ **演技** (えんぎ) 엥기 연기

□ **名演技** (めいえんぎ) 메-엥기 명연기

□ **セリフ** (せりふ) 세리후 대사

□ **脚本** (きゃくほん) 캬쿠홍 각본

□ **観覧席** (かんらんせき) 칸란세키 관람석

□ **配役** (はいやく) 하이야쿠 배역

□ **主役** (しゅやく) 슈야쿠 주역

□ **スリラー** (すりらー) 스리라- 스릴러

□ **紀行映画** (きこうえいが) 키코-에-가 기행영화

□ **成人映画** (せいじんえいが) 세-진에-가 성인영화

□ **災難映画** (さいなんえいが) 사이난에-가 재난 영화

□ **映画カメラ** (えいがかめら) 에-가카메라 영화카메라

□ **映画界** (えいがかい) 에-가카이 영화계

□ **映画ファン** (えいがふぁん) 에–가황 영화팬

□ **映画製作者** (えいがせいさくしゃ) 에–가세–사쿠샤 영화제작자

□ **撮影** (さつえい) 사츠에– 촬영

□ **短編映画** (たんぺんえいが) 탐펜에–가 단편영화

□ **映画関係文献** (えいがかんけいぶんけん) 에–가캉케–붕켕 영화 관계 문헌

□ **フィルムプレミア** (ふいるむぷれみあ) 휘루무 푸레미아 (신작 영화의) 특별 개봉

□ **シナリオ** (しなりお) 시나리오 시나리오

□ **フィルムレコーダ** (ふぃるむれこーだ) 휘루무레코–다 영화용 녹음기

□ **レーティング** (れいてぃんぐ) 레–팅구 (영화) 관객 연령 제한

□ **映画撮影所** (えいがさつえいじょ) 에–가사츠에–죠 영화촬영소

② 공원(公園)

□ **国立公園** (こくりつこうえん)
코쿠리츠코-엥 국립공원

□ **遊園地** (ゆうえんち) 유-엔치 유원지, 놀이공원

□ **ローラーコースター**
(ろーらーこーすたー)
로-라-코-스타- 롤러코스터

□ **パレード** (ぱれーど) 파레-도 퍼레이드

□ **ピエロ** (ぴえろ) 피에로 어릿광대

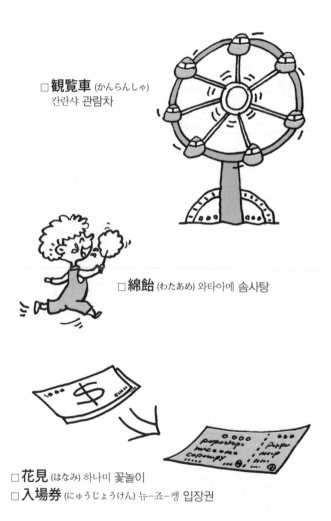

□ **観覧車** (かんらんしゃ)
칸란샤 관람차

□ **綿飴** (わたあめ) 와타아메 솜사탕

□ **花見** (はなみ) 하나미 꽃놀이
□ **入場券** (にゅうじょうけん) 뉴―죠―켕 입장권

□ **池** (いけ) 이케 연못

□ **動物園** (どうぶつえん)
도-부츠엥 동물원

□ **乗り物**
(のりもの) 노리모노
탈 것(놀이기구)

□ **ゴルフ練習場** (ごるふれんしゅうじょう) 고루후렌슈-죠- 골프연습장
□ **射撃場** (しゃげきじょう) 샤게키죠- 사격장

□ **植物園** (しょくぶつえん)
쇼쿠부츠엥 식물원

□ **遊び場** (あそびば)
아소비바 놀이터

□ **滑り台** (すべりだい)
스베리다이 미끄럼틀

□ **隠れん坊** (かくれんぼう) 카쿠렘보– 술래잡기

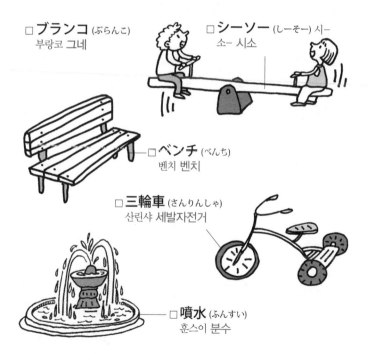

□ **ブランコ** (ぶらんこ)
부랑코 그네

□ **シーソー** (しーそー) 시–
소– 시소

□ **ベンチ** (べんち)
벤치 벤치

□ **三輪車** (さんりんしゃ)
산린샤 세발자전거

□ **噴水** (ふんすい)
훈스이 분수

〈관련어〉

□ **見せ場** (みせば) 미세바 볼거리

□ **案内所** (あんないじょ) 안나이죠 안내소

□ **遊興税** (ゆうきょうぜい) 유-쿄-제- 유흥세

□ **行楽客** (こうらくきゃく) 코-라쿠캬쿠 행락객

□ **国立墓地** (こくりつぼち) 코쿠리츠보치 국립묘지

□ **国有林** (こくゆうりん) 코쿠유-링 국유림

□ **公園地区** (こうえんちく) 코-엔치쿠 공원구역, 공원지구

□ **野球場** (やきゅうじょう) 야큐-죠- 야구장

□ **公園墓地** (こうえんぼち) 코-엠보치 공원묘지

□ **民俗村** (みんぞくむら 민조쿠무라 민속촌

□ **水辺風景** (みずべふうけい) 미즈베후−케−
물가의 풍경, 물이 있는 경치

□ **美術館** (びじゅつかん) 비쥬츠캉 미술관

□ **彫刻像** (ちょうこくぞう) 쵸−코쿠조− 조각상

□ **博物館** (はくぶつかん) 하쿠부츠캉 박물관

□ **皇居** (こうきょ) 코−쿄 황궁,

□ **水族館** (すいぞくかん) 스이조쿠캉 수족관

□ **展覧会** (てんらんかい) 텐랑카이 전람회, 전시회

□ **伝統茶屋** (でんとうちゃや) 덴토−챠야 전통찻집

□ **祭り** (まつり) 마츠리 축제

□ **ケーブルカー** (けーぶるかー) 케−부르카− 케이블카

□ **遠足** (えんそく) 엔소쿠 소풍

□ **競馬** (けいば) 케−바 경마

chapter 8 자연(自然)

1 동물(動物)

□豚 (ぶた) 부타 돼지
□いのしし (いのしし) 이노시시 멧돼지

□牝牛 (めうし) 메우시 암소

□雄牛 (おうし) 오우시 황소

□馬 (うま) 우마 말
□ロバ (ろば) 로바 당나귀
□ゼブラ (ぜぶら) 제부라 얼룩말

□犬 (いぬ) 이누 개

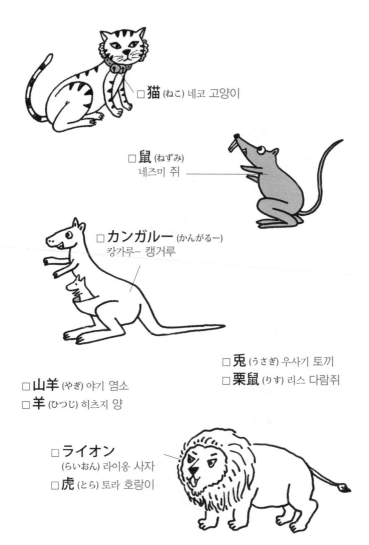

□ 猫 (ねこ) 네코 고양이

□ 鼠 (ねずみ)
네즈미 쥐

□ カンガルー (かんがるー)
캉가루– 캥거루

□ 兎 (うさぎ) 우사기 토끼
□ 栗鼠 (りす) 리스 다람쥐

□ 山羊 (やぎ) 야기 염소
□ 羊 (ひつじ) 히츠지 양

□ ライオン
(らいおん) 라이옹 사자
□ 虎 (とら) 토라 호랑이

343

□狼 (おおかみ) 오-카미 늑대, 이리

□ハイエナ (はいえな) 하이에나 하이에나

□狐 (きつね) 키츠네 여우

□鹿 (しか) 시카 사슴

□狸 (たぬき) 타누키 너구리

□熊 (くま) 쿠마 곰

□象 (ぞう) 조- 코끼리

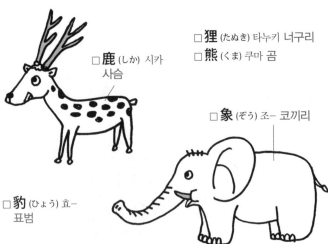

□豹 (ひょう) 효- 표범

□ **パンダ** (ぱんだ)
판다 판다

□ **チンバンジー** (ちんぱんじー:)
침판지– 침팬지

□ **猿** (さる) 사루 원숭이
□ **ゴリラ** (ごりら)
고리라 고릴라

□ **駱駝** (らくだ) 라쿠다 낙타

□ **コアラ** (こあら) 코아라 코알라
□ **スカンク** (すかんく) 스캉쿠 스컹크

□ **麒麟** (きりん)
키링 기린

□ **ワニ** (わに) 와니 악어
□ **クロコダイル** (くろこだいる)
　쿠로코다이루 크로커다일

□ **蛙** (かえる) 카에루 개구리

□ **恐竜** (きょうりゅう)
　쿄-류- 공룡

□ **河馬** (かば)
　카바 하마

□ **犀** (さい) 사이 코뿔소

□ **蛇** (へび) 헤비 뱀

□ **蜥蜴** (とかげ) 토카게 도마뱀
□ **コブラ** (こぶら)
　코부라 코브라

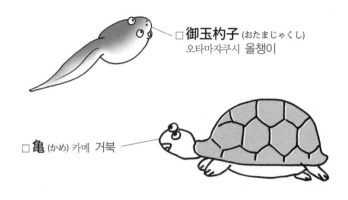

□ **御玉杓子** (おたまじゃくし)
오타마쟈쿠시 올챙이

□ **亀** (かめ) 카메 거북

□ **鯨** (くじら) 쿠지라 고래
□ **イルカ** (いるか) 이루카 돌고래

□ **山猫** (やまねこ)
야마네코 살쾡이

□ **海豹** (あざらし) 아자라시 바다표범
□ **オットセイ** (おっとせい)
온토세– 물개
□ **川獺** (かわうそ) 카와우소 수달

□ **こうもり** (こうもり)
코–모리 박쥐

〈관련어〉

□ **ペット** (ぺっと) 펟토 애완동물

□ **家畜** (かちく) 카치쿠 가축

□ **牡鹿** (おじか) 오지카 숫사슴

□ **牝鹿** (めじか) 메지카 암사슴

□ **蟻食** (ありくい) 아리쿠이 개미핥기

□ **黒熊** (くろぐま) 쿠로구마 흑곰

□ **北極熊** (ほっきょくぐま) 혹쿄쿠구마 북극곰

□ **子犬** (こいぬ) 코이누 강아지

□ **子猫** (こねこ) 코네코 새끼 고양이

□ **小熊** (こぐま) 코구마 새끼 곰

□ **雌犬** (めすいぬ) 메스이누 암캐

□ **猟犬** (りょうけん) 료-켕 사냥개

□ **野良犬** (のらいぬ) 노라이누 들개

□ **ハムスター** (はむすたー) 하무스타- 햄스터

□ **ラクダのこぶ** (らくだのこぶ) 라쿠다노코부 낙타의 혹

□ **鬣** (たてがみ) 타테가미 (사자 등의) 갈기

□ **ストライプ** (すとらいぷ) 스토라이푸 (얼룩말)줄무늬

□ **髭** (ひげ) 히게 수염

□ **象牙** (ぞうげ) 조-게 상아

□ **爪** (つめ) 츠메 발톱

□ **角** (つの) 츠노 뿔

□ **尻尾** (しっぽ) 십포 꼬리

□ **蹄** (ひづめ) 히즈메 발굽

2 식물(植物)

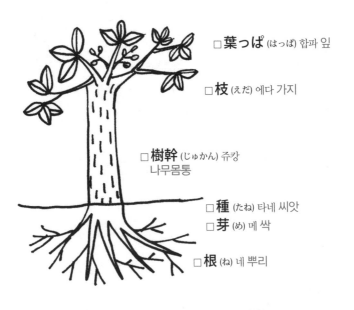

□ **葉っぱ** (はっぱ) 합파 잎

□ **枝** (えだ) 에다 가지

□ **樹幹** (じゅかん) 쥬캉
나무몸통

□ **種** (たね) 타네 씨앗
□ **芽** (め) 메 싹

□ **根** (ね) 네 뿌리

□ **年輪** (ねんりん) 넨링
(나무의)나이테

□ **樹皮** (じゅひ) 쥬히 나무껍질

□ **実** (み) 미 열매

□ **松** (まつ) 마츠 소나무
□ **楓** (かえで) 카에데 단풍나무
□ **紅葉** (もみじ) 모미지 단풍

□ **柏** (かしわ) 카시와 떡갈나무

□ **栗の木** (くりのき)
쿠리노키 밤나무
□ **楡** (にれ) 니레
느릅나무

□ **銀杏** (いちょう)
이쵸－은행나무

□ **柳** (やなぎ) 야나기 버드나무 ·
□ **桜** (さくら) 사쿠라 벚나무

□ **プラタナス** (ぷらたなす) 푸라
타나스 플라타너스

□ **竹** (たけ) 타케 대(나무)

□ **桑** (くわ) 쿠와 뽕나무

□ **木蓮** (もくれん)
모쿠렌 목련

□ **杉** (すぎ) 스기 삼나무

□ **椰子の木**
(やしのき) 야시노키
야자수

□ **花弁** (はなびら)
하나비라 꽃잎

□ **花粉** (かふん)
카훙 꽃가루

□ **茎** (くき) 쿠키 줄기, 대

□ **花** (はな) 하나 꽃

□ **ポプラ** (ぽぷら) 포푸라
포플라, 미루나무

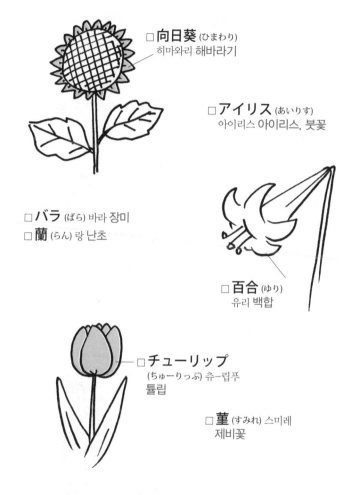

□ **向日葵** (ひまわり)
히마와리 해바라기

□ **アイリス** (あいりす)
아이리스 아이리스, 붓꽃

□ **バラ** (ばら) 바라 장미
□ **蘭** (らん) 랑 난초

□ **百合** (ゆり)
유리 백합

□ **チューリップ**
(ちゅーりっぷ) 츄-립푸
튤립

□ **菫** (すみれ) 스미레
제비꽃

□ **アイビー** (あいびー) 아이비- 아이비, 담쟁이덩굴

353

□ **蒲公英** (たんぽぽ) 탐포포 민들레

□ **霞草** (かすみそう) 카스미소– 안개꽃

□ **躑躅** (つつじ) 츠츠지 진달래

□ **蓮の花** (はすのはな) 하스노노하나 연꽃

□ **ラッパ水仙** (らっぱすいせん) 랍파스이센 나팔수선화

□ **朝顔** (あさがお) 아사가오 나팔꽃

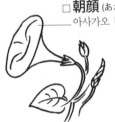

□ **カーネーション** (かーねーしょん) 카–네–숑 카네이션

□ **コスモス** (こすもす) 코스모스 코스모스

□ **菊** (きく) 키쿠 국화

□ **ジャスミン** (じゃすみん) 쟈스민 자스민

□ **連翹** (れんぎょう) 렝교– 개나리

□ **サボテン** (さぼてん) 사보텡 선인장

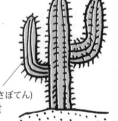

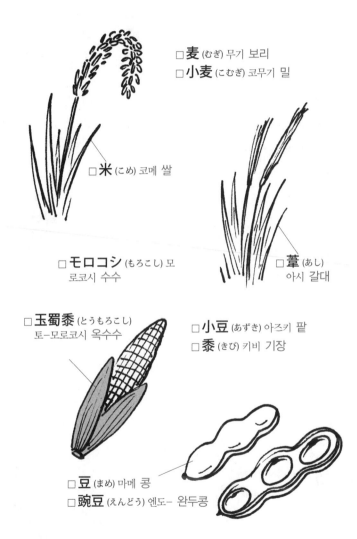

□ **麦** (むぎ) 무기 보리
□ **小麦** (こむぎ) 코무기 밀

□ **米** (こめ) 코메 쌀

□ **モロコシ** (もろこし) 모
로코시 수수

□ **葦** (あし)
아시 갈대

□ **玉蜀黍** (とうもろこし)
토−모로코시 옥수수

□ **小豆** (あずき) 아즈키 팥
□ **黍** (きび) 키비 기장

□ **豆** (まめ) 마메 콩
□ **豌豆** (えんどう) 엔도− 완두콩

〈관련어〉

□ **牡丹** (ぼたん) 보탕 모란
□ **杏** (あんず) 안즈 살구
□ **ゴムの木** (ごむのき) 고무노키 고무나무
□ **綿** (わた) 와타 목화

□ **草むら** (くさむら) 쿠사무라 수풀, 덤불
□ **種蒔き** (たねまき) 타네마키 파종, 씨뿌리기
□ **落ち葉** (おちば) 오치바 낙엽
□ **雑草** (ざっそう) 잣소– 잡초
□ **タバコ** (たばこ) 타바코 담배

□ **花飾り** (はなかざり) 하나카자리 꽃장식

□ **生け花** (いけばな) 이케바나 꽃꽂이

□ **フラワーショー** (ふらわーしょー) 후라와―쇼― 화초 품평회

□ **蕨** (わらび) 와라비 고사리

□ **ゼンマイ** (ぜんまい) 젬마이 고비

□ **苔** (こけ) 코케 이끼

□ **植木鉢** (うえきばち) 우에키바치 화분

□ **花壇** (かだん) 카당 화단

③ 새(鳥)

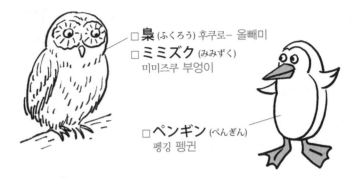

□ **梟** (ふくろう) 후쿠로- 올빼미
□ **ミミズク** (みみずく)
미미즈쿠 부엉이

□ **ペンギン** (ぺんぎん)
펭깅 펭귄

□ **孔雀** (くじゃく)
쿠쟈쿠 공작

□ **鸚鵡** (おうむ)
오-무 앵무새

□ **鷲** (わし) 와시 독수리
□ **鷹** (たか) 타카 매

□ **白鳥** (はくちょう)
하쿠쵸- 백조

□ **ペリカン** (ぺりかん)
페리캉 펠리컨

□ **インコ** (いんこ)
잉코 잉꼬

□ **鳩** (はと) 하토 비둘기

□ **カラス** (からす)
카라스 까마귀

□ **カササギ** (かささぎ)
카사사기 까치

□ **鶏** (にわとり) 니와토리 닭
□ **雌鳥** (めんどり) 멘도리 암탉
□ **雄鶏** (おんどり) 온도리 수탉

□ **アヒル** (あひる) 아히루 오리

□ **ガチョウ** (がちょう)
가쵸- 거위

□ **雁** (がん)
강 기러기

□ **鶉** (うずら) 우즈라 메추라기
□ **啄木鳥** (きつつき) 키츠츠키 딱따
구리

□ **燕** (つばめ) 츠바메 제비

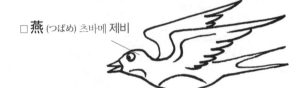

□ **雀** (すずめ) 스즈메 참
새

□ **雉** (きじ) 키지 꿩
□ **雲雀** (ひばり)
히바리 종달새

□ **鶴** (つる) 츠루 학, 두루미

□ **鴎** (かもめ) 카모메 갈매기

360

□ **渡り鳥** (わたりどり)
와타리도리 철새

□ **駝鳥** (だちょう)
다쵸– 타조

□ **留鳥** (りゅうちょう)
류–쵸– 텃새, 유조

□ **鶯** (うぐいす)
우구이스 꾀꼬리

□ **ミソサザイ** (みそさざい)
미소사자이 굴뚝새

〈관련어〉

□ **羽** (はね) 하네 깃털

□ **羽毛ボア** (うもうぼあ) 우모–보아 깃털목도리

□ **羽毛布団** (うもうふとん) 우모–후통 깃털이불

□ **嘴** (くちばし) 쿠치바시 부리

□ **ナイチンゲール** (ないちんげーる) 나이칭게– 루 나이팅게일

□ **家禽** (かきん) 카킹 가금

□ **鳥籠** (とりかご) 토리카고 새장

□ **巣** (す) 스 둥지

□ **翼** (つばさ) 츠바사 날개

□ **孵る** (かえる) 카에루(알이) 부화하다

□ **不死鳥** (ふしちょう) 후시쵸– 불사조

□ **鳴き声** (なきごえ) 나키고에 새 울음소리

□ **野鳥観察者** (やちょうかんさつしゃ) 야쵸–칸사츠샤 조류 관찰자

□ **愛鳥家** (あいちょうか) 아이쵸–카 애조가

□ **子鳥** (こどり) 코도리 작은 새

□ **鳥類研究者** (ちょうるいけんきゅうしゃ) 쵸–루이켕큐–샤 조류연구가

□ **バードサンクチュアリー** (ばーどさんくちゅありー)
바–도상쿠츄아리– 조류보호지구

□ **餌** (えさ) 에사 모이

□ **野鳥観察** (やちょうかんさつ) 야쵸–칸사츠 들새 관찰

4 곤충(昆虫)

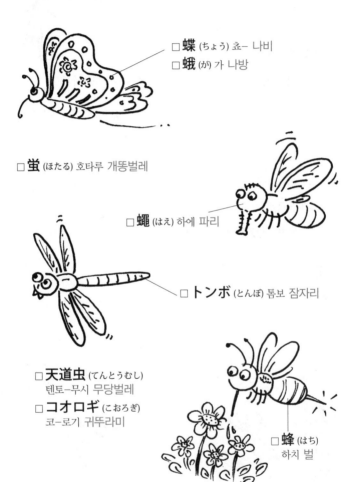

□ **蝶** (ちょう) 쵸– 나비
□ **蛾** (が) 가 나방

□ **蛍** (ほたる) 호타루 개똥벌레

□ **蠅** (はえ) 하에 파리

□ **トンボ** (とんぼ) 톰보 잠자리

□ **天道虫** (てんとうむし)
텐토–무시 무당벌레
□ **コオロギ** (こおろぎ)
코–로기 귀뚜라미

□ **蜂** (はち)
하치 벌

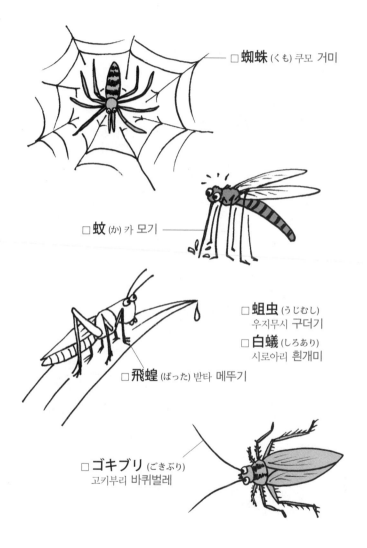

□ 蜘蛛 (くも) 쿠모 거미

□ 蚊 (か) 카 모기

□ 蛆虫 (うじむし)
우지무시 구더기

□ 白蟻 (しろあり)
시로아리 흰개미

□ 飛蝗 (ばった) 받타 메뚜기

□ ゴキブリ (ごきぶり)
고키부리 바퀴벌레

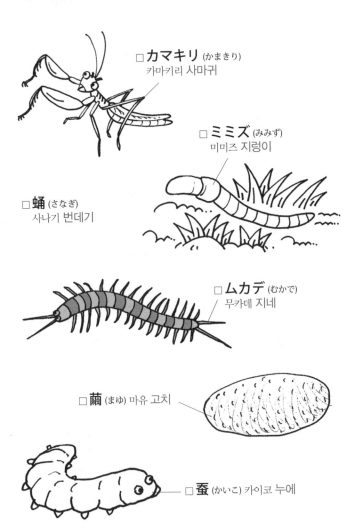

□ **カマキリ** (かまきり)
카마키리 사마귀

□ **ミミズ** (みみず)
미미즈 지렁이

□ **蛹** (さなぎ)
사나기 번데기

□ **ムカデ** (むかで)
무카데 지네

□ **繭** (まゆ) 마유 고치

□ **蚕** (かいこ) 카이코 누에

□ **蝸牛** (かたつむり)
카타츠무리 달팽이

□ **毛虫** (けむし) 케무시 모충
□ **ナンキン虫** (なんきんむし) 낭킴무시 빈대

□ **蠍** (さそり) 사소리 전갈

□ **蚤** (のみ) 노미 벼룩

□ **蟻** (あり) 아리 개미

〈관련어〉

□ **雀蜂** (すずめばち) 스즈메바치 말벌

□ **クモの巣** (くものす) 쿠모노스 거미집

□ **昆虫館** (こんちゅうかん) 콘츄—캉 곤충관

□ **殺虫剤** (さっちゅうざい) 삳츄—자이 살충제

□ **害虫** (がいちゅう) 가이츄— 해충

□ **駆虫剤** (くちゅうざい) 쿠츄—자이 구충제

□ **食虫植物** (しょくちゅうしょくぶつ) 쇼쿠츄—쇼쿠부츠 식충식물

□ **昆虫学** (こんちゅうがく) 콘츄—가쿠 곤충학

□ **昆虫学者** (こんちゅうがくしゃ) 콘츄—가쿠샤 곤충학자

□ **昆虫採集** (こんちゅうさいしゅう) 콘츄-사이슈- 곤충채집

□ **昆虫類** (こんちゅうるい) 콘츄-루이 곤충류

□ **青蠅** (あおばえ) 아오바에 쉬파리

□ **幼虫** (ようちゅう) 요-츄- 요충

□ **触角** (しょっかく) 쇽카쿠 촉각, 더듬이

□ **頭** (あたま) 아타마 머리

□ **胸部** (きょうぶ) 쿄-부 흉부, 가슴

□ **腹部** (ふくぶ) 후쿠부 복부, 배

□ **鍼** (はり) 하리 침

⑤ 계절과 날씨(季節と天気)

□ **春** (はる) 하루 봄

□ **夏** (なつ) 나츠 여름

□ **秋** (あき) 아키 가을

□ **季節風** (きせつふう)
키세츠후- 계절풍

□ **冬** (ふゆ) 후유 겨울

□ **気候** (きこう) 키코– 기후
□ **温度** (おんど) 온도 온도

□ **温度計** (おんどけい)
온도케– 온도계
□ **度** (ど) 도 (온도)도

□ **華氏** (かし) 카시 화씨
□ **摂氏** (せっし) 셋시 섭씨

□ **天気予報** (てんきよほう) 텡키요호– 일기예보
□ **警告** (けいこく) 케–코쿠 경고

□ **警報** (けいほう) 케-호- 경보
□ **風速** (ふうそく) 후-소쿠 풍속

□ **寒冷前線** (かんれいぜんせん)
칸레-젠셍 한랭전선
□ **温暖前線** (おんだんぜんせん)
온단젠셍 온난전선

□ **雲** (くも) 쿠모 구름

□ **災害** (さいがい) 사이가이 재해

□ **高気圧** (こうきあつ) 코-키아츠 고기압
□ **低気圧** (ていきあつ) 테-키아츠 저기압

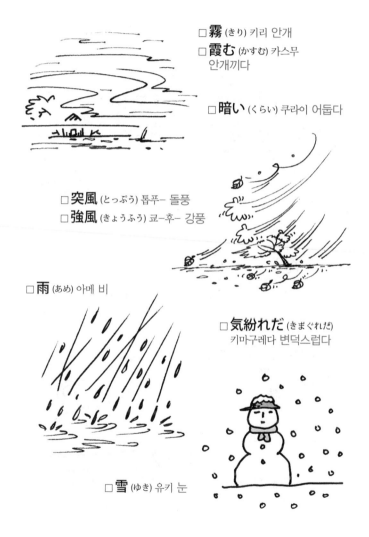

□ 霧 (きり) 키리 안개
□ 霞む (かすむ) 카스무
안개끼다

□ 暗い (くらい) 쿠라이 어둡다

□ 突風 (とっぷう) 톱푸- 돌풍
□ 強風 (きょうふう) 쿄-후- 강풍

□ 雨 (あめ) 아메 비

□ 気紛れだ (きまぐれだ)
키마구레다 변덕스럽다

□ 雪 (ゆき) 유키 눈

373

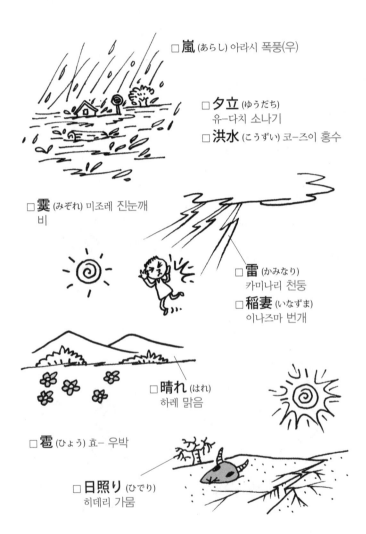

□ 嵐 (あらし) 아라시 폭풍(우)

□ 夕立 (ゆうだち)
유-다치 소나기

□ 洪水 (こうずい) 코-즈이 홍수

□ 霙 (みぞれ) 미조레 진눈깨비

□ 雷 (かみなり)
카미나리 천둥

□ 稲妻 (いなずま)
이나즈마 번개

□ 晴れ (はれ)
하레 맑음

□ 雹 (ひょう) 효- 우박

□ 日照り (ひでり)
히데리 가뭄

□ **爽やかだ** (さわやかだ)
사와야카다 산뜻하다, 상쾌하다

□ **和やかだ** (なごやかだ)
나고야카다 온화하다

□ **蒸し暑い** (むしあつい)
무시아츠이 무덥다

□ **寒い** (さむい) 사무이 춥다

□ **潤う** (うるおう) 우루오우
축축하다, 눅눅하다

□ **地震** (じしん) 지싱 지진

375

□ **台風** (たいふう) 타이후- 태풍
□ **ハリケーン** (はりけーん)
하리케-응 허리케인

□ **トルネード** (とるねーど)
토루네-도 토네이도

□ **霜** (しも) 시모 서리

□ **暑さ** (あつさ)
아츠사 더위

□ **土砂降り** (どしゃぶり)
도샤부리 호우, 폭우

□ **凍結** (とうけつ) 토-케츠 동결, 결빙

□ **吹雪** (ふぶき) 후부키 눈보라
□ **猛吹雪** (もうふぶき) 모-후부키
　강한 눈보라

□ **霧雨** (きりさめ) 키리사메 안개비

〈관련어〉

□ **氷** (こおり) 코오리 얼음

□ **氷柱** (つらら) 츠라라 고드름

□ **日当たりの良い** (ひあたりのいい) 히아타리노이- 햇볕이 잘 드는

□ **ミスト** (みすと) 미스토 안개, 연무

□ **露** (つゆ) 츠유 이슬

□ **雪崩** (なだれ) 나다레 눈사태

□ **火山** (かざん) 카장 화산

□ **津波** (つなみ) 츠나미 해일

□ **寒波** (かんぱ) 캄파 한파

□ **小波** (さざなみ) 사자나미 잔물결

□ **湿気** (しっけ) 식케 습기

□ **曇る** (くもる) 쿠모루 흐리다

□ **気象台** (きしょうだい) 키쇼–다이 기상대

□ **寒帯** (かんたい) 칸타이 한대

□ **亜寒帯** (あかんたい) 아칸타이 냉대, 아한대

□ **温帯** (おんたい) 온타이 온대

□ **熱帯性気候** (ねったいせいきこう) 넫타이세–키코– 열대성 기후

□ **亜熱帯気候** (あねったいきこう) 아넫타이키코– 아열대성 기후

□ **スコール** (すこーる) 스코–루 스콜

□ **大陸性気候** (たいりくせいきこう) 타이리쿠세–키코– 대륙성기후

□ **氾濫** (はんらん) 한랑 범람

□ **大惨事** (だいさんじ) 다이산지 대참사

□ **災難** (さいなん) 사이낭 재난

PART 4.

밤 (夜)

chapter 1 음식점(食堂)

□ **予約** (よやく) 요야쿠 예약

□ **推薦する** (すいせんする) 스이센스루 추천하다

□ **定食屋** (ていしょくや) 테-쇼쿠야 정식집

□ **ファーストフード店**
(ふぁーすとふーどてん) 화-스토후-도텡
패스트푸드점

□ **高級レストラン**
(こうきゅうれすとらん)
코-큐-레스토랑
고급레스토랑

□ **コーヒーショップ** (こーひーしょっぷ)
코-히-숍푸 커피숍

□ **カフェテリア** (かふぇてりあ) 카훼테리아 카페테리아

□ **ウエートレス** (うぇーとれす)
　우에−토레스 웨이트리스

□ **ウエイター** (うぇいたー)
　우에이타− 웨이터

□ **メニュー** (めにゅー) 메뉴− 메뉴

□ **注文** (ちゅうもん) 츄−몽 주문

□ **突き出し** (つきだし) 츠키다시
　주문한 요리에 앞서 간단히 나오는 안주

□ 居酒屋 (いざかや) 이자카야 선술집
□ 酒場 (さかば) 사카바 술집

□ 肉汁 (にくじる)
니쿠지루 고기국물

□ アペタイザー
(あぺたいざー)
아페타이자ー 애피타이저
□ スープ (すーぷ) 스ー푸 스프

□ サラダ (さらだ) 사라다
샐러드

□ パスタ (ぱすた) 파스타
파스타

□ **ビーフステーキ**
(びーふすてーき) 비-후스테-키
비프스테이크

□ **レア** (れあ) 레아 (스테이크가) 덜 구워진
□ **ミディアム** (みでぃあむ) 미디아무 (스테이크가) 중간정도 구워진
□ **ウエルダン** (うぇるだん) 우에루단 (스테이크가) 잘 익은

□ **わさび** (わさび) 와사비 고추냉이

□ **栄養** (えいよう) 에-요- 영양

□ **ベジタリアン** (べじたりあん)
베지타리앙 채식주의자

□ **味** (あじ) 아지 맛
□ **美味しい** (おいしい) 오이시- 맛있다

□ **酸っぱい** (すっぱい)
습파이 시다
□ **辛い** (からい) 카라이
맵다

□ **塩っぱい** (しょっぱい)
숍파이 짜다
□ **苦い** (にがい) 니가이 쓰다

□ **柔らかい味** (やわらかいあじ)
야와라카이아지 부드러운 맛

□ **カレーライス** (かれーらいす) 카레–라이스 카레라이스
□ **メイン料理** (めいんりょうり) 메인료–리 메인요리

□ **支払い** (しはらい) 시하라이 지불
□ **計算書** (けいさんしょ) 케–산쇼 계산서

□ **チップ**
(ちっぷ) 칩푸
팁

□ **お代わり** (おかわり)
오카와리 한그릇 더
□ **デザート** (でざーと)
데자–토 디저트

〈관련어〉

□ **美食** (びしょく) 비쇼쿠 호화스럽고 맛있는 음식

□ **料理人** (りょうりにん) 료−리닝 요리사

□ **シェフ** (しぇふ) 쉐후 셰프, 주방장

□ **レシピ** (れしぴ) 레시피 레시피, 조리법

□ **大食い** (おおぐい) 오−구이 대식가

□ **献立** (こんだて) 콘다테 식단, 메뉴

□ **軽食** (けいしょく) 케−쇼쿠 가벼운 식사

□ **まともな食事** (まともなしょくじ) 마토모나쇼쿠지 제대로 된 식사

□ **三食** (さんしょく) 산쇼쿠 하루 세끼 식사

□ **魚料理** (さかなりょうり) 사카나료–리 생선요리

□ **肉料理** (にくりょうり) 니쿠료–리 고기요리

□ **夕食** (ゆうしょく) 유–쇼쿠 저녁식사

□ **朝食** (ちょうしょく) 쵸–쇼쿠 아침식사

□ **昼食** (ちゅうしょく) 츄–쇼쿠 점심식사

□ **晩餐** (ばんさん) 반상 만찬

□ **一品料理** (いっぴんりょうり) 입핀료–리 일품요리

□ **料理** (りょうり) 료-리 요리

□ **お皿** (おさら) 오사라 접시

□ **冷やし料理** (ひやしりょうり) 히야시료-리 차게 한 요리

□ **うまい料理** (うまいりょうり) 우마이료-리 맛있는 요리

□ **好きな料理** (すきなりょうり)
스키나료-리 좋아하는 요리

□ **お決まりの料理** (おきまりのりょうり)
오키마리노료-리 늘 같은 요리

□ **おかず** (おかず) 오카즈 반찬

□ **粥** (かゆ) 카유 죽

□ **一人前** (いちにんまえ) 이치님마에 일인분

□ **赤ワイン** (あかわいん) 아카와잉 붉은 포도주

□ **白ワイン** (しろわいん) 시로와잉 백포도주

chapter 2

술(お酒)

□ **バーテンダー** (ばーてんだー)
바－텐다－ 바텐더

□ **乾杯** (かんぱい)
감파이 건배

□ **酔ってない**
(よってない) 욛테나이
취하지 않다

□ **目眩** (めまい) 메마이 현기증

□ **杯** (さかずき)
사카즈키 술잔

□ **ブランデー**
(ぶらんでー) 부란데－
브랜디

□ **酔っ払う** (よっぱらう)
욥파라우 만취하다

□ **ラム酒** (らむしゅ) 라무슈 럼주
□ **ウォッカ** (うぉっか) 웍카 보드카

□ **ワイン** (わいん) 와잉 와인
□ **ビール** (びーる) 비-루 맥주
□ **生ビール** (なまびーる)
　나마비-루 생맥주

□ **ピッチャー** (ぴっちゃー) 핏챠- (맥주)피처
□ **水割り** (みずわり) 미즈와리 물을 섞어 술을 묽게 함

　□ **常連客** (じょうれんきゃく) 죠-렝캬쿠 단골
　□ **ソーダ水** (そーだすい) 소-다스이 소다수

　　□ **カクテル** (かくてる) 카쿠테루 칵테일

□ **仲間** (なかま)
나카마 동료, 일행

□ **撮み物** (つまみもの) 츠마미모노 마른 안주
□ **爪楊枝** (つまようじ) 츠마요-지 이쑤시개

□ **酒飲み** (さけのみ) 사케노미 술꾼
□ **二日酔い** (ふつかよい) 후츠카요이 숙취

□ **ジントニック**
(じんとにっく) 진토닉쿠
진토닉
□ **シャンパン**
(しゃんぱん) 샴판
샴페인

〈관련어〉

□ **黒ビール** (くろびーる) 쿠로비-루 흑맥주

□ **酒類** (しゅるい) 슈루이 주류

□ **酒類販売** (しゅるいはんばい) 슈루이함바이 주류 판매

□ **蒸溜酒** (じょうりゅうしゅ) 죠-류-슈 증류주

□ **清涼飲料** (せいりょういんりょう) 세-료-인료- 청량 음료

□ **火酒** (かしゅ) 카슈 강한 술

□ **大酒飲み** (おおさけのみ) 오-사케노미 술고래

□ **ワインボトル** (わいんぼとる) 와임보토루 와인 병

□ **ワイングラス** (わいんぐらす) 와잉구라스 와인잔

□ **ワインバー** (わいんばー) 와임바- 와인바

□ **上質ワイン** (じょうしつわいん) 죠-시츠와잉 질 좋은 와인

□ **飲み物** (のみもの) 노미모노 음료수, 마실 것

□ **宴会** (えんかい) 엥카이 연회

□ **飲み仲間** (のみなかま) 노미나카마 술친구

□ **酒盛り** (さかもり) 사카모리 술잔치

□ **蒸留** (じょうりゅう) 죠-류- 증류

□ **ノンアルコール飲料** (のんあるこーるいんりょう)
　농아루코-루인료- 무알콜 음료

□ **禁酒** (きんしゅ) 킨슈 금주

chapter 3

호텔(ホテル)

□ **豪華ホテル** (ごうかほてる) 고-카호테루 호화호텔
□ **旅館** (りょかん) 료캉 (일본식)여관

□ **フロント** (ふろんと)
후론토 프런트
□ **ロビー** (ろびー) 로비- 로비

□ **手荷物** (てにもつ) 테니모츠 수화물, 짐

□ **受付係り** (うけつけがかり) 우케츠케가카리 접수계원

□ **レジ係** (れじがかり) 레지가카리 출납원
□ **ベルボーイ** (べるぼーい) 베루보ー이 벨보이

□ **モーニングコール** (もーにんぐこーる) 모ー닝구코ー루 모닝콜
□ **サウナ** (さうな) 사우나 사우나
□ **廊下** (ろうか) 로ー카 복도

□ **預かり所** (あずかりしょ) 아즈카리쇼 보관소

□ **シングルルーム** (しんぐるるーむ) 싱구루루ー무 싱글룸, 1인실
□ **ツインルーム** (ついんるーむ) 츠인루ー무 트윈룸
□ **ダブルルーム** (だぶるるーむ) 다부루루ー무 더블룸
□ **スイートルーム** (すいーとるーむ) 스이ー토루ー무 스위트룸

□ **チェックイン** (ちぇっくいん) 쳇쿠잉 체크인, 입실
□ **チェックアウト** (ちぇっくあうと) 쳇쿠아우토 체크아웃, 퇴실
□ **空室** (くうしつ) 쿠ー시츠 공실
□ **メード** (めーど) 메ー도 메이드, 가정부

〈관련어〉

- □ **ホテル経営者** (ほてるけいえいしゃ) 호테루케-에-샤 호텔경영인
- □ **ホテル支配人** (ほてるしはいにん) 호테루시하이닝 호텔지배인
- □ **ページボーイ** (ぺーじぼーい) 페-지보-이 호텔 급사, 보이
- □ **ホテルを経営する** (ほてるをけいえいする)
  호테루오 케-에-스루 호텔을 경영하다

- □ **泊まる** (とまる) 토마루 숙박하다
- □ **ホテル従業員** (ほてるじゅうぎょういん)
  호테루쥬-교-잉 호텔종업원 
- □ **客室係** (きゃくしつがかり) 캬쿠시츠가카리 객실담당자
- □ **ユースホステル** (ゆーすほすてる) 유-스호스테루
  유스호스텔

□ **朝食付き** (ちょうしょくつき) 쵸–쇼쿠츠키
　아침밥을 제공하는

□ **リゾート** (りぞーと) 리조–토 리조트

□ **ルームサービス** (るーむさーびす) 루–무사–비스 룸 서비스

□ **サービス料** (さーびすりょう) 사–비스료– 서비스료

□ **フロントデスク** (ふろんとですく) 후론토데스쿠 프런트데스크

□ **チップ** (ちっぷ) 칩푸팁

□ **予約** (よやく) 요야쿠 예약

□ **マンスリーマンション** (まんすりーまんしょん)
　만스리–만숀 월단위 계약 숙박시설

chapter 4

집(家)

□ **屋上** (おくじょう) 오쿠죠– 옥상

□ **屋根裏部屋** (やねうらべや) 야네우라베야 다락방

□ **玄関** (げんかん) 겡캉 현관

□ **窓** (まど) 마도 창문

□ **芝生** (しばふ) 시바후 잔디

□ **フェンス** (ふぇんす) 휀스 울타리

□ **庭** (にわ) 니와 마당, 정원

□ **壁** (かべ) 카베 벽, 담
□ **煉瓦** (れんが) 렝가 벽돌

□ **ガラスドア**
(がらすどあ) 가라스도아
유리문

□ **郵便** (ゆうびん)ポスト
유−빙포스트 우체통

□ **地下室** (ちかしつ) 치카시츠 지하실

□ **階段** (かいだん) 카이당 계단
□ **螺旋階段** (らせんかいだん)
라셍카이당 나선형계단
□ **回り階段** (まわりかいだん)
마와리카이당 회전식 계단

403

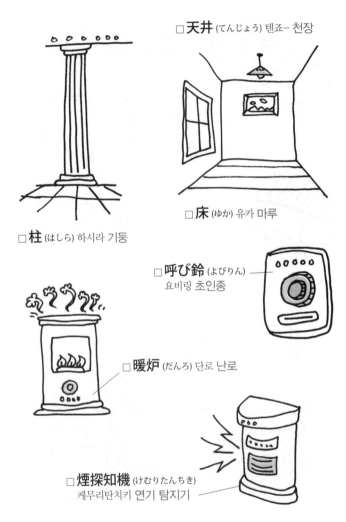

□ **天井** (てんじょう) 텐죠- 천장

□ **床** (ゆか) 유카 마루

□ **柱** (はしら) 하시라 기둥

□ **呼び鈴** (よびりん)
요비링 초인종

□ **暖炉** (だんろ) 단로 난로

□ **煙探知機** (けむりたんちき)
케무리탄치키 연기 탐지기

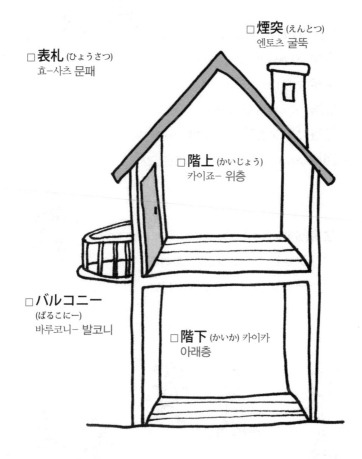

□ **煙突** (えんとつ)
엔토츠 굴뚝

□ **表札** (ひょうさつ)
효-사츠 문패

□ **階上** (かいじょう)
카이죠- 위층

□ **バルコニー**
(ばるこにー)
바루코니- 발코니

□ **階下** (かいか) 카이카
아래층

405

〈관련어〉

□ **出入り口** (でいりぐち) 데이리구치 출입구

□ **玄関** (げんかん) 겡칸 현관

□ **倉庫** (そうこ) 소–코 창고

□ **居所** (いどころ) 이도코로 거처

□ **分譲マンション** (ぶんじょうまんしょん) 분죠–만숑 분양아파트

□ **団地** (だんち) 단치 대규모 아파트(맨션) 단지

□ **住宅団地** (じゅうたくだんち) 쥬–타쿠단치 주택단지

□ **マンション** (まんしょん) 만숑 고층 아파트

□ **アパート** (あぱーと) 아파–토 연립 주택

□ **強盗** (ごうとう) 고-토- 강도

□ **大掃除** (おおそうじ) 오-소-지 대청소

□ **家賃** (やちん) 야칭 집세

□ **世帯** (せたい) 세타이 세대 (한 집안)

□ **お部屋探し** (おへやさがし) 오헤야사가시 방구하기, 집구하기

□ **敷金** (しききん) 시키킹 보증금

□ **礼金** (れいきん) 레-킹 (집주인에게 주는)사례금

□ **賃貸** (ちんたい) 친타이 임대

□ **借家人** (しゃくやにん) 샤쿠야닝 세입자

□ **大家** (おおや) 오야 집주인

□ **不動産** (ふどうさん) 후도–산 부동산

□ **動産** (どうさん) 도–산 동산

□ **一戸建て** (いっこだて) 익코다테 단독주택

□ **屋敷** (やしき) 야시키 대저택, 고급저택

□ **ワンルーム** (わんるーむ) 완루–무 원룸, 일실형 주거

□ **長屋** (ながや) 나가야 단층 연립주택

□ **木造住宅** (もくぞうじゅうたく) 모쿠조–쥬–타쿠 목조주택